21世纪应用型人才培养“十三五”规划教材
精品课程配套教材
“双创”型人才培养优秀教材

会计综合技能实训教程

KUAIJI ZONGHE JINENG SHIXUN JIAOCHENG

主　编　吕　丹　郭福琴　宛　燕
副主编　黄　莉　王效明　付应会　李　白
张海东　徐博洋　毛家慧　余文艺

辽宁大学出版社

图书在版编目（CIP）数据

会计综合技能实训教程 / 吕丹，郭福琴，宛燕主编 . - 沈阳：辽宁大学出版社，2018. 1（2020. 1）重印

21 世纪应用型人才培养“十三五”规划教材　精品课程配套教材　“双创”型人才培养优秀教材

ISBN 978-7-5610-9030-5

Ⅰ. ①会… Ⅱ. ①吕… ②郭… ③宛… Ⅲ. ①会计学-高等学校-教材 Ⅳ. ①F230

中国版本图书馆 CIP 数据核字（2018）第 009590 号

会计综合技能实训教程

KUAIJI ZONGHE JINENG SHIXUN JIAOCHENG

出 版 者：辽宁大学出版社有限责任公司

（地址：沈阳市皇姑区崇山中路 66 号　　邮政编码：110036）

印 刷 者：三河市鑫鑫科达彩色印刷包装有限公司

发 行 者：辽宁大学出版社有限责任公司

幅面尺寸：185mm×260mm

印　　张：21. 5

字　　数：250 千字

印刷时间：2020 年 1 月第 2 次印刷

责任编辑：胡家诗

封面设计：唐　韵

责任校对：齐　悦

书　　号：ISBN 978-7-5610-9030-5

定　　价：49. 00 元

联系电话：024-86864613

邮购热线：024-86830665

网　　址：http://press. lnu. edu. cn

电子邮件：lnupress@ vip. 163. com

前　言

会计综合实训课程是会计专业的核心课程，也是会计专业的实践总结课程，是会计专业人才培养过程中重要的教学环节。会计综合实训课程的开设将此前所学的《基础会计》《财务会计》《成本会计》《税务会计》等各门专业课程知识、技能运用有机地组织起来，是对会计专业技能的一次综合检验，旨在使学生能熟悉财务部门与其他部门、财务部门与银行、财务部门与税务部门的业务办理关系，掌握企业的会计工作流程，掌握会计工作各环节的技能操作要领，提高学生将所学知识转化为实际运用能力，为将来走向社会、很好地适应社会需要打下良好的基础。

作为《会计综合技能实训教程》，本书引入一家模拟企业，以会计理论为基础展开该企业一个月的会计实务，让学生以主办会计的身份全方位亲历出纳、保管、成本核算、记账和主管会计等会计岗位的各项具体工作，从而形成对企业会计工作系统全面的认知，全面培养和提高其会计核算操作技能。

本教程首先对引入的模拟企业公司基本情况及组织结构等进行介绍，使学生能身临其境，形成对所在企业的基本认知，建构起会计业务的基本情境。基于所建构的工作场景，本教程设计了一套模拟企业的仿真业务，整套业务除部分业务外，无业务提示，让实训学生从期初建账开始，依次经历填制和审核原始凭证、填制和审核记账凭证、登记明细账、编制科目汇总表、登记总账、对账及结账、编制会计报表、税务纳税申报、归档等实训环节，并具体提出对日常会计核算、编制会计报表、编制纳税申报表、整理会计档案四大实训环节的考核标准和要求。在业务内容设计上，体现新准则、新法规，突出综合性、完整性和真实性，让学生不进企业也能“真刀真枪”地进行会计业务操作，实现课堂教学与会计工作实践的过渡和对接、学生能力培养与企业需求的零距离对接。

本教程编写者具有多年的会计实践教学经历，对企业实际会计工作也有较为深入细致的了解和观察。本教程适用于专业学校会计及相关专业的会计综合实训课程教学，也适合于广大社会人员实训学习参考。

本书由吕丹、郭福琴、宛燕担任主编，由黄莉、王效明、付应会、李白、张海东、徐博洋、毛家慧、余文艺担任副主编。黄莉、周小娅、黄鑫、张现琴参加编写。具体分工如下：第一部分由吕丹编写；第二部分由郭福琴、黄莉、张海东编写；第三部分由宛燕、周小娅、毛家慧编写；第四部分由王效明、付应会、黄鑫、余文艺编写；第五部分由李白、张现琴、徐博洋编写。最后由吕丹总撰。

由于编写仓促及编者的水平所限，书中难免有错误与疏漏，敬请读者批评指正。

编　者

2020 年 1 月

目　录

第一部分　会计实训概述

一、实训目的

通过会计综合技能实训，使学生比较系统地掌握企业会计核算工作的基本流程和具体方法，达到对会计理论与技能操作的融会贯通。

会计综合技能实训教程是以安顺市黄果树新创有限责任公司仿真业务为素材，突出综合性、完整性、真实性，设计了一套从账簿建立到日常核算、从会计记录到产品成本计算、从费用归集分配到收支损益结转、从财务会计报表编制到税务纳税申报的实训资料，让每位参与者能以主管会计的身份全方位地在出纳、保管、成本核算、记账和主管会计各个财会工作岗位中亲历各项具体工作，从而对企业会计全过程有一个比较系统和完整的感知，让学生不进企业也能“真刀真枪”的进行会计业务操作，通过“实战”演练，最终达到培养应用型专业技术人才的目的。

二、实训内容

序号	项目名称	主要内容
1	期初建账	1. 建明细分类账 2. 建总分类账
2	填制和审核原始凭证	1. 根据有关经济业务填制原始凭证 2. 审核原始凭证
3	填制和审核记账凭证	1. 根据有关经济业务填制记账凭证 2. 审核记账凭证
4	登记明细账	1. 根据有关经济业务登记明细分类账
5	编制科目汇总表	1. 根据记账凭证编制“T”形账户，登记账户的合计数 2. 将合计数填入科目汇总表中
6	登记总账	根据科目汇总表登记总分类账
7	对账、结账	将各种账簿进行对账、结账
8	编制会计报表	1. 编制资产负债表 2. 编制利润表
9	税务纳税申报	1. 编制增值税及附征税费申报表 2. 编制所得税申报表
10	归档	1. 整理凭证、账本、报表，并装订 2. 将会计资料归档管理

续表

序号	项目名称	主要内容
11	实训考核	1. 日常会计核算 2. 编制会计报表 3. 编制纳税申报表 4. 整理会计档案

三、实训要求

1. 每个学生对会计实训全过程要求独立操作一遍，最终把证、账、表资料装订成册，形成实训成果。

2. 实训中所用的各种凭证、账页、报表，一律使用国家统一会计制度要求使用的格式。

3. 在填制凭证、登记账簿和编制报表时，除按规定必须使用红墨水书写外，所有文字、数字书写都应该使用蓝（黑）墨水书写，不准使用铅笔和圆珠笔（复写凭证除外）。

4. 在实训过程中，对于出现账务处理的错误，应按规定的方法更正，不得任意涂改，刮擦挖补。

5. 文字和数字书写要正确、整洁、清楚、流畅。

四、实训耗材

序号	主要耗材	数量
1	实训资料	1 套
2	总分类账	35 张账页
3	日记账	2 张账页
4	三栏式明细账	50 张账页
5	数量金额式明细账	20 张账页
6	多样式明细账	8 张账页
7	应交税金明细账	5 张账页
8	通用记账凭证	150 张
9	科目汇总表	1 张
10	资产负债表	1 张
11	利润表	1 张
12	记账凭证封面	1 套
13	账簿封面	1 套
14	装订线、曲型针、铁夹子	

五、实训考核

考核项目	考核内容	分值	成绩比例（%）
日常会计核算	填制和审核原始凭证	5分	75
	填制和审核记账凭证	30分	
	登记现金和银行存款日记账	10分	
	登记明细分类账	15分	
	编制科目汇总表	5分	
	登记总分类账	5分	
	对账与结账	5分	
编制会计报表	编制资产负债表	5分	10
	编制利润表	5分	
编制纳税申报表	编制增值税申报表及附征税费申报表	5分	10
	企业所得税申报表	5分	
整理会计档案	整理凭证、账本、报表，装订、归档	5分	5
合　计		100分	100

第二部分　实训会计主体

一、公司基本情况

公司名称：安顺市黄果树新创有限责任公司
注册资本：300 万元人民币
法人代表：王天一
公司地址：安顺市黄果树城南路 188 号　　　　　电话：0851-33765666
开户银行：工商银行安顺黄果树支行　　　　　　账号：2404030500583803366

预留银行印鉴：

公章：

发票章：

合同章：

企业类型：有限责任公司

纳税人资格：增值税一般纳税人　　　　　　　　纳税人登记号：520402056030111

公司经营范围：主要从事甲产品、乙产品的生产和销售

二、公司组织结构

（一）公司组织结构图

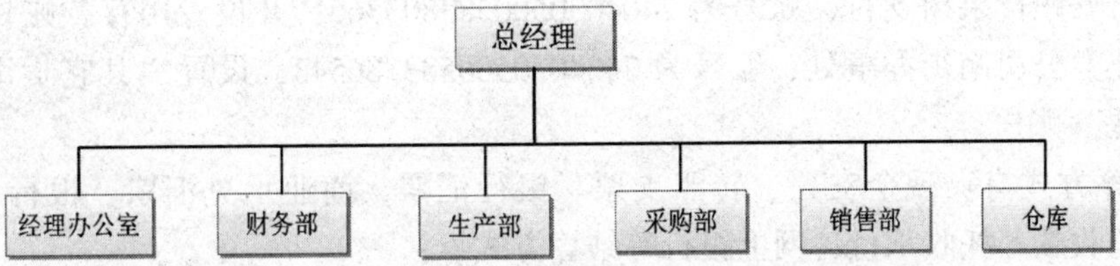

公司设经理办公室、财务部、生产部（一个基本生产车间，一个辅助生产车间）、采购部、销售部、仓库。其中，经理办公室、财务部、采购部、仓库统称为行政管理部门，生产车间称为生产部门。

（二）相关人员分工

部门			职位	姓名
行政管理部	经理办公室		董事长	王天一
			总经理	谢安
			办公室主任	苏泽
	财务室		财务主管	赵红艳
			出纳	陈婷
	采购部		采购员	张保军
	仓库		库管员	王海强
生产部	基本生产车间		车间主任	林小海
	辅助生产车间	机修车间	车间主任	钟可
销售部			销售部主任	黄伟
			开票员	张小丽

三、会计核算体制及会计政策

安顺市黄果树新创有限责任公司是一家从事生产甲产品和乙产品的小型工业企业，生产工艺为单步骤生产。公司实行一级核算，全部会计核算由财务部负责，账务处理程序采用科目汇总表核算形式，记账凭证每月汇总一次，并据以登记总账。公司的基本生产车间

主要负责甲产品和乙产品的生产制造，辅助生产车间——机修车间主要负责全公司机器及设备的维修，也对外承揽一些维修业务。

公司采用的会计政策和内部会计核算方法如下：

（一）货币资金的核算

1. 库存现金实行限额管理，其库存限额为 20000 元。根据国家《库存现金管理暂行条例》和《支付结算办法》的规定，办理现金收支业务及银行结算业务。

2. 银行存款按照人民银行《人民币银行结算账户管理办法》开设了基本存款账户，即工商银行安顺黄果树支行，账号为 2404030500583803366；开设专用存款账户，工商银行国泰君证券公司南街办事处，账号为 2404030500583786543，设置“其它货币资金——存出投资款”账户。

3. 结算方式有：现金支票、转账支票、银行汇票、商业承兑汇票、银行承兑汇票、汇兑、委托收款、托收承付、网上银行等结算方式。

（二）存货的核算

存货按实际成本进行会计核算。存货包括原材料、包装物、低值易耗品、库存商品、发出商品等为一类，其中：原材料包括原料及主要材料、燃料、辅助材料为二类，周转材料包括包装物和低值易耗品为二类。

1. 原材料和包装物，采用移动加权平均法计算其发出单位成本，并根据领料单逐笔结转成本。

2. 低值易耗品中的橡胶手套和工作服，采用先进先出法计算其发出单位成本，并按一次摊销法摊销其成本。

3. 低值易耗品中的文件柜，采用先进先出法计算其发出单位成本，并按五五摊销法摊销其成本。

4. 库存商品采用月末一次加权平均法计算发出商品的单位成本，并精确到 0.01，尾差由发出商品成本负担。

5. 年末对存货进行清查，根据盘点结果编制“实存账存盘点表”报有关部门批准。

（三）固定资产的核算

固定资产分两大类：房屋建筑物和机器设备，分属于不同部门。所有固定资产均采用年限平均法计提折旧。

本实训以月初固定资产的账面余额为依据，采用月折旧率按月计提折旧；固定资产财产保险费按年预付，分月摊销；固定资产大修理费用采用长期待摊方法。

（四）销售与收款的核算

1. 销售产品收款：收到的现金货款以及各种票据当日送存银行。销售时若带有现金折扣，在实际发生时确认为当期财务费用，现金折扣按不含税的价款计算，付款条件为 2/

10、1/20、N/30。

2. 销售产品成本结转：采用月末一次加权平均法计算已销售商品的单位成本，并精确到0.01，尾差由销售商品成本负担。

（五）坏账处理的核算

公司采用备抵法对坏账准备进行核算。年末按应收账款余额百分比计提坏账准备（只包括应收账款），2019年起提取比例从应收账款账户余额的4%提高到5%，在设置的“坏账准备”账户核算。

（六）税金及附加费的税率及核算

项　目	税　率	会计核算	缴纳方式
增值税	13%	按月计提	银行代缴
城市维护建设税	7%	按月计提	银行代缴
教育费附加	3%	按月计提	银行代缴
地方教育费附加	2%	按月计提	银行代缴
企业所得税	25%	按季计提	银行代缴
个人所得税按税法规定计算		按月计提	银行代缴

公司与主管税务机关、开户银行签订了《电子划缴税费三方协议书》，在每月进行纳税申报时，通过税务机关管理系统和财税库银横向联网系统，以电子扣税方式进行税费的电子申报和缴纳。即增值税及附加费在月末计提，纳税申报时缴纳，由银行代缴；所得税采用应付税款法核算，月末计提，按季预缴，年终汇算清缴。

（七）工资核算及“五险一金”的计提比例

发放工资由银行代发；职工福利费采用实报实销制度，平时不预提，但必须通过“应付职工薪酬——职工福利费”账户核算；工会经费按工资总额的2%月末计提，按季缴纳；职工教育经费按工资总额的1.5%计提。“五险一金”包括五种社会保险费和房公积金，其缴纳基数，按规定，以上年度每位职工的月平均工资，当年1月至12月份此计提基数不变动，但每年需要申报一次，下年度对基数作相应调整。特别说明，本实训的社保费和住房公积金，计提基数为2018年月平均工资总额，当月缴纳的社保费和公积金，月末进行计提。

项　目	计提基数	公司负担比例	个人负担比例
养老保险费	上年度每位职工的平均工资	19%	8%
基本医疗保险费	上年度每位职工的平均工资	7%	2%

续表

项　目	计提基数	公司负担比例	个人负担比例
失业保险费	上年度每位职工的平均工资	0.7%	0.3%
工伤保险费	上年度每位职工的平均工资	0.5%	—
生育保险费	上年度每位职工的平均工资	0.4%	—
住房公积金	上年度每位职工的平均工资	12%	12%

注：另外大病医疗，每年缴纳一次，本地最低缴费限额 120 元，单位承担 60%、个人承担 40%。目前全国各地社保金负担比例和计算基数不完全一致，有部分地区 2019 年起已经开始免交生育保险费。本教材数据采自网络查询结果主要用于教学仅供参考，具体标准以当地社保机关公告为准。

（八）成本与费用的核算

基本生产车间生产的甲产品和乙产品，采用品种法核算其成本。公司的各项费用按经济用途分类，其中直接材料、直接人工和制造费用计入产品成本，其余的费用计入期间费用。制造费用按生产工人工时比例分配，月末在产品和完工产品的分配，采用约当产量比例法，原材料于生产开始时一次性投入。辅助生产车间的费用按受益对象采用直接分配法进行分配。

（九）借款利息的核算

短期借款利息支出，按月计提，作为公司财务费用处理；长期借款利息支出符合资本化条件的计入资产成本，若与固定资产有关的，在固定资产达到预计可使用状态之前，计入固定资产成本；不符合资本化条件的计入当期财务费用。

（十）利润分配比例

公司按年度税后利润的 10 % 提取法定盈余公积金，向投资者分配利润可根据年末盈利情况，按股东会决议确定。

四、会计记账程序

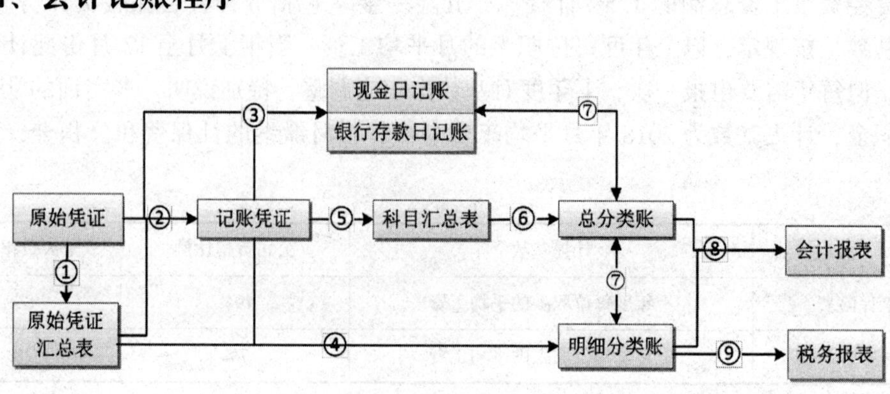

①根据有关原始凭证编制原始凭证汇总表。
②根据原始凭证或原始凭证汇总表编制记账凭证。
③根据原始凭证和记账凭证登记日记账。
④根据原始凭证和记账凭证登记明细账。
⑤根据记账凭证编制科目汇总表。
⑥根据科目汇总表登记总账。
⑦月末将日记账和明细账与总账核对。
⑧根据总账和有关明细账编制会计报表。
⑨根据有关明细账编制税务报表。

第三部分　会计日常业务实训

一、期初余额及相关资料

安顺市黄果树新创有限责任公司，2019 年 12 月份各账户期初余额及相关数据如下表：

表 3-1　总账及明细账 12 月份期初余额

编制单位：安顺市黄果树新创有限责任公司　　　　单位：元

账户名称	2019 年 年初数		2019 年 1~11 月累计发生额		2019 年 11 月 月末余额	
	借方	贷方	借方	贷方	借方	贷方
库存现金	19,117.00		14,000.00	25,975.00	7,142.00	
银行存款	1,613,848.66		1,875,789.80	1,245,287.00	2,244,351.46	
其他货币资金-存出投资款	212,000.00			100,000.00	112,000.00	
交易性金融资产小计	230,000.00			10,000.00	220,000.00	
交易性金融资产-中利股份　（成本）	30,000.00			10,000.00	20,000.00	
交易性金融资产-北方股份　（成本）	200,000.00				200,000.00	
应收票据-福州红光企业	30,000.00		50,000.00	50,000.00	30,000.00	
应收账款小计	208,700.00		200,000.00	90,000.00	318,700.00	
应收账款-新华公司	20,000.00		100,000.00	70,000.00	50,000.00	
应收账款-永峰公司	150,000.00				150,000.00	
应收账款-黔进公司	20,000.00		100,000.00	20,000.00	100,000.00	
应收账款-东达公司	18,700.00				18,700.00	
预付账款-风雷建筑公司			60,000.00		60,000.00	
应收股利-现金股利（中利股份）	7,000.00		30,000.00	27,000.00	10,000.00	
其他应收款小计			12,760.00		12,760.00	
其他应收款-销售部			4,000.00		4,000.00	
其他应收款-林丽			1,000.00		1,000.00	
其他应收款-张芳			5,000.00		5,000.00	

续表

账户名称	2019年 年初数		2019年1~11月累计发生额		2019年11月 月末余额	
	借方	贷方	借方	贷方	借方	贷方
其他应收款-职工电费			2,760.00		2,760.00	
坏账准备		8,500.00				8,500.00
在途物资			232,800.00		232,800.00	
在途物资-红光公司(圆钢)(数量)			142,000.00		142,000.00	
在途物资-红光公司(生铁)(数量)			90,800.00		90,800.00	
原材料-小计			296,000.00		296,000.00	
原材料-原料及主要材料小计			193,000.00		193,000.00	
原材料-圆钢			175,000.00		175,000.00	
原材料-生铁			18,000.00		18,000.00	
原材料-燃料			54,000.00		54,000.00	
原材料-原煤(数量)			24,000.00		24,000.00	
原材料-焦炭(数量)			30,000.00		30,000.00	
原材料-辅助材料小计			49,000.00		49,000.00	
原材料-油漆(数量)			2,500.00		2,500.00	
原材料-润滑油(数量)			46,500.00		46,500.00	
库存商品小计			275,000.00		275,000.00	
库存商品-甲产品(数量)			195,000.00		195,000.00	
库存商品-乙产品(数量)			80,000.00		80,000.00	
周转材料小计			42,244.00	1,520.00	42244.00	1,520.00
周转材料-包装物			24,000.00		24,000.00	
周转材料-包装物-木板包装箱(数量)			24,000.00		24,000.00	
周转材料—低值易耗品-小计			18,440.00		18440.00	1,520.00
周转材料-低值易耗品-橡胶手套(数量)			1,160.00		1,160.00	
周转材料-低值易耗品-工作服(数量)			12,600.00		12,600.00	
周转材料-低值易耗品-安全帽(数量)			220.00		220.00	

续表

账户名称	2019年 年初数		2019年1~11月累计发生额		2019年11月 月末余额	
	借方	贷方	借方	贷方	借方	贷方
周转材料-低值易耗品-文件柜(在用)(数量)			3,040.00		3,040.00	
周转材料-低值易耗品-文件柜(摊销)				1,520.00		1,520.00
周转材料-低值易耗品-墨盒(数量)			864.00		864.00	
周转材料-低值易耗品-墨粉(数量)			360.00		360.00	
固定资产-小计	1,850,000.00				1,850,000.00	
固定资产-房屋建筑物	1,187,000.00				1,187,000.00	
固定资产-机器设备	623,000.00				623,000.00	
固定资产-电子设备	40,000.00				40,000.00	
累计折旧		384,660.00		117,535.00		502,195.00
无形资产-专利权	100,000.00				100,000.00	
累计摊销				36,600.00		36,600.00
短期借款-工商银行借款			40,000.00	100,000.00		60,000.00
应付账款-小计		49,371.80	345,100.00	560,100.00		264,371.80
应付账款-安顺京华公司		18,000.00				18,000.00
应付账款-贵阳通顺公司				100,000.00		100,000.00
应付账款-北方公司				80,000.00		80,000.00
应付账款-贵开公司				35,000.00		35,000.00
应付账款-安顺自来水公司		19,376.60	213,100.00	213,100.00		19,376.60
应付账款-安顺南郊电力公司		11,995.20	132,000.00	132,000.00		11,995.20
预收账款-南平公司		20,000.00				20,000.00
应付职工薪酬-小计		213,077.86	2,033,501.06	2,040,781.86		220,358.66
应付职工薪酬-职工工资		181,896.00	1,970,000.00	1,970,000.00		181,896.00
应付职工薪酬-工会经费			32,319.20	39,600.00		7,280.80
应付职工薪酬-职工教育经费		31,181.86	31,181.86	31,181.86		31,181.86

续表

账户名称	2019 年 年初数		2019 年 1~11 月累计发生额		2019 年 11 月 月末余额	
	借方	贷方	借方	贷方	借方	贷方
应交税费-小计		69,056.00	749,760.00	749,760.00		69,056.00
应交税费-未交增值税		43,800.00	473,000.00	473,000.00		43,800.00
应交税费-城市维护建设税		3,066.00	33,110.00	33,110.00		3,066.00
应交税费-企业所得税		20,000.00	220,000.00	220,000.00		20,000.00
应交税费-教育费附加		1,314.00	14,190.00	14,190.00		1,314.00
应交税费-地方教育费附加		876.00	9,460.00	9,460.00		876.00
应付利息				600.00		600.00
长期借款			200,000.00	1,000,000.00		800,000.00
实收资本-小计		3,000,000.00				3,000,000.00
实收资本-王天一		2,000,000.00				2,000,000.00
实收资本-谢安		1,000,000.00				1,000,000.00
盈余公积-法定盈余公积		50,000.00		35,000.00		85,000.00
本年利润				354,396.00		354,396.00
利润分配-未分配利润		476,000.00				476,000.00
生产成本小计			87,600.00		87,600.00	
生产成本-基本生产成本-甲产品-小计			50,000.00		50,000.00	
生产成本-基本生产成本-甲产品-直接材料			32,000.00		32,000.00	
生产成本-基本生产成本-甲产品-直接人工			12,600.00		12,600.00	
生产成本-基本生产成本-甲产品-制造费用			5,400.00		5,400.00	
生产成本-基本生产成本-乙产品			37,600.00		37,600.00	
生产成本-基本生产成本-乙产品-直接材料			28,000.00		28.000.00	
生产成本-基本生产成本-乙产品-直接人工			6,800.00		6,800.00	
生产成本-基本生产成本-乙产品-制造费用			2,800.00		2,800.00	
合　计	4,270,665.66	4,270,665.66	6,544,554.86	6,544,554.86	5,898,597.46	5,898,597.46

表 3-2　材料明细账 12 月份期初余额

编制单位：安顺市黄果树新创有限责任公司　　　　　　　　　　　　单位：元

总账	明细账		计量单位	库存数量	单价	金额	备注
原材料	主要材料	圆钢	吨	50	3,500.00	175,000.00	
		生铁	吨	10	1,800.00	18,000.00	
	燃料	原煤	吨	60	400.00	24,000.00	
		焦炭	吨	40	750.00	30,000.00	
	辅助材料	油漆	桶	50	50.00	2,500.00	
		润滑油	桶	150	310.00	46,500.00	
	小计					296,000.00	
周转材料	包装物	木板包装箱	个	400	60.00	24,000.00	随同产品销售
	低值易耗品	橡胶手套	双	40	29.00	1,160.00	一次摊销法
		工作服	套	60	210.00	12,600.00	一次摊销法
		安全帽	个	10	22.00	220.00	一次摊销法
		文件柜（在用）	个	5	608.00	3,040.00	全部领用五五摊销法
		文件柜（摊销）				-1,520.00	
		墨盒	盒	8	108.00	864.00	一次摊销法
		墨粉	瓶	6	60.00	360.00	一次摊销法
	小计					40,724.00	
合　计						336,724.00	

表 3-3　库存商品明细账期初余额

编制单位：安顺市黄果树新创有限责任公司　　　　　　　　　　　　单位：元

产品名称	计量单位	库存数量	单位成本	金额
甲产品	件	30	6,500.00	195,000.00
乙产品	件	50	1,600.00	80,000.00
合　计				275,000.00

表 3-4　生产成本明细账期初余额

编制单位：安顺市黄果树新创有限责任公司　　　　　　　　　　　　单位：元

产品名称	计量单位	库存数量	成本项目			合计
			直接材料	直接人工	制造费用	
甲产品	件	20	32,000.00	12,600.00	5,400.00	50,000.00
乙产品	件	30	28,000.00	6,800.00	2,800.00	37,600.00
合　计			60,000.00	19,400.00	8,200.00	87,600.00

表 3-5　在途物资明细账期初余额

编制单位：安顺市黄果树新创有限责任公司　　　　单位：元

供货单位	材料名称	计量单位	单价	发票数量	实收数量	实际成本		
						发票价格	运杂费	合计
红光公司	圆钢	吨	3,450.00	40	40	138,000.00	4,000.00	142,000.00
红光公司	生铁	吨	1,760.00	50	50	88,000.00	2,800.00	90,800.00
合　计						226,000.00	6,800.00	232,800.00

表 3-6　固定资产登记簿资料

编制单位：安顺市黄果树新创有限责任公司　　　　单位：元

使用部门	项目	期初余额	摊销年限	净残值率
基本生产车间	房屋建筑物	200,000.00	20 年	5%
	机器设备	320,000.00	10 年	5%
	小计	520,000.00		
机修车间	房屋建筑物	137,000.00	20 年	5%
	机器设备	123,000.00	10 年	5%
	小计	260,000.00		
销售部门	房屋建筑物	100,000.00	20 年	5%
	电子设备	10,000.00	3 年	
	小计	110,000.00		
厂部	房屋建筑物	750,000.00	20 年	5%
	电子设备	30,000.00	3 年	
	小计	780,000.00		
暂时闲置设备	机器设备	180,000.00	10 年	5%
合　计		1,850,000.00		

表 3-7　12 月份车间、部门耗用辅助车间的劳务量

编制单位：安顺市黄果树新创有限责任公司　　　　单位：元

部门	机修车间（工时）	备注
生产车间	70	
销售部门	15	
管理部门	25	
顺达运输公司（外单位）	216	
合　计	326	

表 3-8　甲产品、乙产品 12 月份耗用工时量表

编制单位：安顺市黄果树新创有限责任公司　　　　单位：小时

项　目	甲产品	乙产品	合　计
产品耗用工时	7000	3000	10000

表 3-9　产品数量统计表

编制单位：安顺市黄果树新创有限责任公司　　　　单位：件

项　目	甲产品	乙产品
月初在产品	20	30
本月投入	30	90
合　计	50	120
本月完工产品	50	90
月末在产品		30

表 3-10　交易性金融资产

编制单位：安顺市黄果树新创有限责任公司　　　　单位：元

购入股票名称	购入数量	每股购入价	购入成本
中利股份公司	2000	10.00	20 000.00
北方股份公司	10000	20.00	200 000.00

说明：1. 凡是会计科目名称中标有（数量）在建账时会计科目要设雷“数量辅助核算”

2. 本教材有余额的会计科目提供了 1-11 月累计发生额，没有期末的余额没有表述，在教材 149 页有损益类科目总账科目的 1-11 月累计发生额．由于无法提供全部末级明细科目的 1-11 月累计发生额，在指导学生建账时，建议以 11 月底的期末数为期初建账数据录入。

二、实训具体要求

1. 审核填制原始凭证
2. 编制通用记账凭证
3. 登记现金和银行存款日记账
4. 登记明细分类账
5. 编制科目汇总表（每月汇总一次）
6. 登记总分类账

三、经济业务的原始凭证

安顺市黄果树新创有限责任公司2019年12月份发生的各项经济业务如下：

业务1

业务1#提示：12月1日，冲销向贵开公司所购圆钢暂估入账业务。（原始凭证在11月98号凭证，有已验收的入库单，原材料—主要材料—圆钢10吨，估价3500元/吨，总计35000元，计入应付账款——贵开公司。）

业务2

业务2#提示：12月1日财务部陈婷购买办公用品申请报销，办公室主任苏泽已审批，现金已付。

贵州增值税普通发票　　No. 06445874

发票联　　开票日期：2019年12月01日

购买方	名　称：安顺市黄果树新创有限责任公司 纳税人识别号：520402056030111 地址、电话：黄果树城南路188号 0851-33765666 开户行及账号：工商银行安顺黄果树支行 2404030500583803366				密码区	/-27/*6+78<9-12/81>325>1247 2>456/5+58-25-3<-28>789123 4>+12/4578/-457921/*1*>1278 -4578<+*<258741/*>3697>/85	
货物或应税劳务、服务名称	规格型号	单位	数量	单价	金额	税率	税额
办公用品		批	1	699.03	699.03	3%	20.97
合　计					¥699.03		¥20.97
价税合计（大写）	⊗柒佰贰拾元整				（小写）¥720.00		
销售方	名　称：安顺市康龙文具店 纳税人识别号：5204020780890611 地址、电话：安顺西秀区小商品市场189号 0851-33390987 开户行及账号：工商银行安顺南华支行 2404478519851122895				备注	安顺市康龙文具店 5204020780890611 发票专用章	

第三联：发票联　购买方记账凭证

收款人：张为　　复核：王小玫　　开票人：陈奔向　　销售方：（章）

产品销货清单

购货单位：安顺市黄果树新创有限责任公司　　2019年12月01日　　单位：元

序号	货名	规格	单位	数量	单价	金额
1	A4纸		包	20	21.00	420.00
2	打印机鼓蕊		个	1	230.00	230.00
3	计算器		个	2	35.00	70.00
4						
5						
6						
7						
8						
合计金额（大写）柒佰贰拾元整					（小写）¥720.00	

报　销　单

2019 年　12 月　1　日

部　　门：财务部

报销事由及用途：购办公用品　　**现金付讫**

人民币（大写）柒佰贰拾元整　　小写¥ 720.00

备注：

单位主管：苏泽　　　审核：赵红艳　　　报销人：陈婷

业务 3

业务 3#提示：收到客户交回的货款，参见期初余额资料 表 3-1 应收账款—永峰公司就是本公司客户——安顺永峰煤焦公司。

中国工商银行　网上银行电子回单

电子回单号码：0007-5689-2870-1200

付款人	户　名	安顺永峰煤焦公司	收款人	户　名	安顺市黄果树新创有限责任公司
	账　号	2404258715966321581		账　号	2404030500583803366
	开户银行	工商银行安顺南华分理处		开户银行	工商银行安顺黄果树支行
金　额		人民币（大写）：壹拾伍万元整　¥150000.00 元			
摘　要		货款	业务（产品）各类		汇划收报
用　途					
交易流水号		8547793	时间戳		2019-12-01
中国工商银行 电子回单 专用章		备注： 附言：还上月所欠货款　　支付交易序号：4582 报文种类：CMT100 汇兑支付报文　委托日期：2019-12-01　业务种类：普通汇兑 收款人地址：贵州省安顺市　付款人地址：贵州省安顺市 验证码：Moliffr4ggfsaAHD7HS7?S7G=			
记账网点	0306	记账柜员	00023	记账日期	2019 年 12 月 1 日

打印日期：2019 年 12 月 1 日

业务 4

业务 4#提示：向供应商—贵开股份公司采购生铁 50 吨，材料已经验收入库，网银支付全款。

贵州增值税专用发票

No. 06445874

发票联

开票日期：2019 年 12 月 02 日

购买方	名　　称：安顺市黄果树新创有限责任公司 纳税人识别号：520402056030111 地 址、电 话：黄果树城南路 188 号 0851-33765666 开户行及账号：工商银行安顺黄果树支行 240403050058380336 6			密码区	/-27/*6+78<9-12/81>325>1247 4>+12/4578/-457921/*1*>1278 -4578<+*<258741/*>3697>/852> 456/5+58-25-3<-28>789123//1117		
货物或应税劳务、服务名称	规格	单位	数量	单价	金额	税率	税额
生铁		吨	50	1822.3008	91115.04	13%	11844.96
合　　计					¥91115.04		¥11844.96
价税合计（大写）	⊗壹拾万贰仟玖佰陆拾元整					（小写）¥102960.00	
销售方	名　　称：安顺市贵开股份有限公司 纳税人识别号：5204020780980720 地 址、电 话：安顺市普定县福强路 132 号 0851-33390943 开户行及账号：工商银行安顺普定支行 2404058349583174151			备注	安顺市贵开股份有限公司 5204020780890720 发票专用章		

收款人：张江　　复核：王三　　开票人：陈红　　销售方：（章）

第二联：发票联　购买方记账凭证

中国工商银行　网上银行电子回单

电子回单号码：0007-5689-2870-8522

付款人	户　名	安顺市黄果树新创有限责任公司	收款人	户　名	安顺市贵开股份有限公司
	账　号	2404030500583803366		账　号	2404058349583174151
	开户银行	工商银行安顺黄果树支行		开户银行	工商银行安顺普定支行
金　额	人民币（大写）：壹拾万贰仟玖佰陆拾元整　¥102960.00 元				
摘　要	购生铁货款		业务（产品）各类	汇划收报	
用　途					
交易流水号	963852		时间戳	2019-12-02	
中国工商银行 电子回单 专用章	备注： 附言：购生铁货款　支付交易序号：4852 报文种类：CMT100 汇兑支付报文　委托日期：2019-12-02　业务种类：普通汇兑 收款人地址：贵州省安顺市　付款人地址：贵州省安顺市				
	验证码：Moliffr4ggfsaAHD7HS7?S7G=				
记账网点	0348	记账柜员	00078	记账日期	2019 年 12 月 2 日

打印日期：2019 年 12 月 2 日

业务提示：学生自行填制收料单

收　料　单

供货单位：安顺贵开公司

发票号码：0210324606445874　　2019 年 12 月 2日　　收货仓库：材料库

材料名称	规格	单位	数量		发票金额		应摊销运杂费	实际成本	
			应收	实收	单价	金额		单价	金额
合计									

验收：林 祥　　保管：王海龙　　记账：　　制单：

作业：请学生按发票内容填写这单空白收料单。

业务5

业务 5#提示：办公室通知各部门到仓库领取工作服。

领　料　单

1（领料部门留存）

领料部门：基本生产车间　　2019 年 12 月 2 日　　凭证编号：

编号	材料名称	规格	单位	数量		单位成本（元）	金额（元）	备注
				请领	实发			
	工作服		套	12	12	210.00	2 520.00	
用途	甲产品工人领用				领料部门		发料部门	
					负责人	领料人	核准人	发料人
					林小海	张宏	林 祥	王海强

领　料　单

1（领料部门留存）

领料部门：基本生产车间　　2019 年 12 月 2 日　　凭证编号：

编号	材料名称	规格	计量单位	数量		单位成本	金额	备注
				请领	实发			
	工作服		套	10	10	210.00	2100.00	
用途	乙产品工人领用			领料部门			发料部门	
				负责人	领料人		核准人	发料人
				林小海	张宏		林　祥	王海强

领　料　单

1（领料部门留存）

领料部门：机修车间　　2019 年 12 月 2 日　　凭证编号：

编号	材料名称	规格	计量单位	数量		单位成本	金额	备注
				请领	实发			
	工作服		套	6	6	210.00	1260.00	
用途	领用工作服			领料部门			发料部门	
				负责人	领料人		核准人	发料人
				钟可	徐田		林　祥	王海强

领　料　单

1（领料部门留存）

领料部门：销售部　　2019 年 12 月 2 日　　凭证编号：

编号	材料名称	规格	计量单位	数量		单位成本	金额	备注
				请领	实发			
	工作服		套	2	2	210.00	420.00	
用途	领用工作服			领料部门			发料部门	
				负责人	领料人		核准人	发料人
				黄伟	杨阳		林　祥	王海强

领　料　单

1（领料部门留存）

领料部门：生产车间办公室　　　　2019 年 12 月 2 日　　　　凭证编号：

编号	材料名称	规格	计量单位	数量		单位成本	金额	备注
				请领	实发			
	工作服		套	3	3	210.00	630.00	
用途	领用工作服				领料部门		发料部门	
					负责人	领料人	核准人	发料人
					林小海	刘成明	林　祥	王海强

作业：如果本企业使用备查簿方式管理工作服等劳保用品，请学生为库管员设计一个工作服的备查簿。

业务 6

业务 6#提示：经公司经理办公会同意，使用部分闲置资金进行短期投资，通过网银转款 10 万元汇入国泰君安证券公司，拟投资股票业务。

中国工商银行　网上银行电子回单

电子回单号码：0007-5689-7532-5982

付款人	户　名	安顺市黄果树新创有限责任公司	收款人	户　名	安顺国泰君安证券公司
付款人	账　号	2404030500583803366	收款人	账　号	2404030500583786543
付款人	开户银行	工商银行安顺黄果树支行	收款人	开户银行	中国银行安顺南水路支行
金　额	人民币（大写）：壹拾万元整　¥100000.00 元				
摘　要	转款至证券公司拟短期投资		业务（产品）各类	汇划收报	
用　途					
交易流水号	963115		时间戳	2019-12-02	
中国工商银行 电子回单 专用章	备注：短期投资款 附言：　　支付交易序号：4823 报文种类：CMT100 汇兑支付报文　委托日期：2019-12-02　业务种类：普通汇兑 收款人地址：贵州省安顺市　付款人地址：贵州省安顺市				
	验证码：Moliffr4ggfsaAHD7HS7?S7G=				
记账网点	0341	记账柜员	00185	记账日期	2019 年 12 月 2 日

打印日期：2019 年 12 月 2 日

作业：请同学们在空白请款单上填写相关内容

请　款　单

年　月　日

请款部门：________________		请 款 人：________	
请款事由及用途：________________			
人民币（大写）________________		小写¥ ________	
备注：			
公司负责人：	部门经理	财务经理：	出纳：

业务 7

业务 7#提示：因公司业务发展需要，经公司经理办公会同意，购买载重货车一台，审批手续齐全，全款支付，已办理全部上牌手续，车辆已经验收。

机动车销售统一发票

发票联

发票代码 152000152001

开票日期　2019-12-03　　　　发票号码 00008507

机打代码 机打号码 机器编码	152000152001 00008507 8899023156123	税控码	030++/0+1/526-458/1529-4489752/7414>+85+8529*88 4>+12/4578/-457921//4578/-457921481951/89-56/ 41854>+2345+4>+85/852*+128975-414>+85-471055 /526-458/1529-/4578/-457921+85/852*+128975-12		
购买方名称及身份证号码/组织机构代码	安顺市黄果树新创有限责任公司 520402056030111	纳税人识别号	520402056030111		
车辆类型	载重货车	厂牌型号	江铃凯锐 800 载货车	产地	江西南昌
合格证号	WNU045000036579125	进口证书		商检单号	
发动机号	SWE48569	车辆识别号代号/车架号	LDVFRTYFTRG7E000758		
价税合计	⊗壹拾贰万捌仟柒佰元整		（小写）¥128700.00		
销货单位	贵州众合江铃汽车销售有限公司	电话	0851-34376560		
纳税人识别号	5201006901470258	账号	6222704501112297158		
地址	贵阳市云岩区汪家湾 186 号	开户银行	建设银行贵阳城东支行		
增值税税率或征收率	13%	增值税税额	¥14806.19	主管税务机关及代码	贵阳市云岩区国家税务局办税服务厅 152019052
不含税价	¥113893.81	完税凭证号码		吨位	限乘人数　3

第一联　发票联（购货单位付款凭证）（手开无效）

销货单位盖章　　贵州众合江铃汽车销售有限公司 5201006901470258 发票专用章　　开票人　张志东　　　　备注：一车一票

中国工商银行 网上银行电子回单

电子回单号码：0007-5689-6702-5411

付款人	户　名	安顺市黄果树新创有限责任公司	收款人	户　名	贵州众合江铃汽车销售有限公司
	账　号	2404030500583803366		账　号	6222704501112297158
	开户银行	工商银行安顺黄果树支行		开户银行	建设银行贵阳城东支行
金　额		人民币（大写）：壹拾贰万捌仟柒佰元整　　¥128700.00 元			
摘　要		购货车	业务（产品）各类		跨行发报
用　途					
交易流水号		596341	时间戳		2019-12-03
		备注：购货车 附言：　　支付交易序号：98112 报文种类：CMT100 汇兑支付报文　委托日期：2019-12-03　业务种类：普通汇兑 收款人地址：贵州省贵阳市　付款人地址：贵州省安顺市			
		验证码：Moliffr4ggfsaAHD7HS7?S7G=			
记账网点	0366	记账柜员 00112	记账日期		2019 年 12 月 3 日

打印日期：2019 年 12 月 3 日

中国工商银行 网上银行电子回单

电子回单号码：0007-5689-6702-5411

付款人	户　名	安顺市黄果树新创有限责任公司	收款人	户　名	
	账　号	2404030500583803366		账　号	
	开户银行	工商银行安顺黄果树支行		开户银行	
金　额		人民币（大写）：伍拾元整　　¥50.00 元			
摘　要		汇兑手续费	业务（产品）各类		跨行发报
用　途					
交易流水号		596341	时间戳		2019-12-03
		备注：购货车 附言：　　支付交易序号：98112 报文种类：CMT100 汇兑支付报文　委托日期：2019-12-03　业务种类：普通汇兑 收款人地址：　付款人地址：			
		验证码：Moliffr4ggfsaAHD7HS7?S7G=			
记账网点	0366	记账柜员 00112	记账日期		2019 年 12 月 3 日

打印日期：2019 年 12 月 3 日

中华人民共和国
税收缴款书（银行经收专用）

（2019）黔国银 02433532

登记注册类型：　　填发日期：2019 年 12 月 3 日　　税务机关：安顺西秀区国家税务局办税服务厅

纳税单位（人）	识别号	520402056030111			开户银行	工商银行安顺黄果树支行			
	名　称	安顺市黄果树新创有限责任公司			账　　号	2404030500583803366			
收款国库					税款限缴日期				
预算科目									
编码	名称	级次	品目名称	课税数量	计税金额或销售收入	税率或单位税额	税款所属时期	已缴或扣除额	实缴金额
	车辆购置税		车辆购置税	1	113893.81	10%	2019-12-03 至 2019-12-03		11,389.38
金额合计	（大写）壹万壹仟叁佰捌拾玖元叁角捌分								¥11,389.38.00
税务机关（盖章）	缴款单位（人）（盖章）	上列款项已收妥并划转收款单位账　国库（银行）盖章　2019 年 12 月 3 日				备注　（2019）黔国银 02433532　一般申报　正税　发票价格：113893.81			

第一联（收据）国库（银行）收款盖章后退缴单位（人）

固定资产验收单

资产编号	00223	**资产名称**	江铃凯锐 800 载货车		
规格型号	江铃凯锐 800 载货车（120 马力）	**资产代码**	车—008	**购入日期**	2019-12-03
数　量	一辆	**单价（元）**	125283.19	**金额（元）**	125283.19
出厂日期	2018 年 10 月	**耐用年限**	10 年	**其　他**	
制造厂家	江西南昌		使用部门	销售部门	
附件情况	完好				

固定资产验收情况说明：车辆相关手续已办理完毕，各项性能没有问题，并已经验收，达到可使用状态。

参加验收人员签字： 王天一　　张峰

验收日期：2019 年 12 月 3 日

公司总经理签字： 谢安　　**管理部门签字：**苏泽

注：此表一式三份，管理部门、使用部门、财务部门各一份

作业：请同学们在空白请款单上填写相关内容

请　款　单

年　月　日

请款部门：＿＿＿＿＿＿＿＿ 请 款 人：＿＿＿ 请款事由及用途： ＿＿＿＿＿＿＿＿＿＿＿＿＿＿＿＿ 人民币（大写）＿＿＿＿＿＿＿＿＿＿小写¥ ＿＿＿＿			
备注：			
公司负责人：	部门经理	财务经理：	出纳：

业务 8

业务 8#提示：销售甲产品 6 件给都匀宏宇公司，运费由买方承担，我方销售部门代办托运，并用转账支票垫付 2800 元，运费发票与销售发票一并交给对方采购人员，代办的运费发票与运单我方已经复印，留底以备查询使用。款项未结，对方开欠据。

贵州增值税专用发票　No. 08905876

（全国统一发票监制章 贵州 国家税务总局监制）

开票日期：2019 年 12 月 03 日

购买方	名　　称：黔南自治州都匀市宏宇公司 纳税人识别号：5227033001112255 地 址、电 话：都匀市桥头堡 125 号　0854-32698252 开户行及账号：工商银行都匀桥头堡支行 2405032511078952355				密码区	585/-27/*6+78<9-12/81>325>1247 2>456/5+58-25-3<-28>789123<258741/ *>3697>/854>+12/4578/-457921/*1*>1 5895/5+58-8>789123<2278-4578<+*	
货物或应税劳务、服务名称	规格型号	单位	数量	单价	金　额	税率	税　额
甲产品		件	6	11389.38	68336.28	13%	8883.72
合　　计					¥68336.28		¥8883.72
价税合计（大写）	⊗柒万柒仟贰佰贰拾元整						（小写）¥77220.00
销售方	名　　称：安顺市黄果树新创有限责任公司 纳税人识别号：520402056030111 地 址、电 话：黄果树城南路 188 号 0851-33765666 开户行及账号：工商银行安顺黄果树支行 2404030500583803366				备注	安顺市黄果树新创有限责任公司 520402056030111 发票专用章	

收款人：陈婷　　复核：　　开票人：张小丽　　销售方：（章）

第三联：记账联　销售方记账凭证

中国工商银行

转账支票存根

NO. 30905209

附加信息

出票日期 2019 年 12 月 03 日

收款人：	安顺汽车运输公司
金　额：	*2800.00*
用　途：	代垫运费

单位主管　　　会计 赵红艳

贵州增值税专用发票　　No. 06445986

复印件　　发票联　　开票日期：2019 年 12 月 03 日

购买方	名　　称：黔南自治州都匀市宏宇公司 纳税人识别号：803001112275 地 址、电 话：都匀桥头堡 125 号　0854-32698252 开户行及账号：工商银行都匀桥头堡支行 240503251107895235 5	密码区	/-27/*6+78<9-12/81>325>1247 2>456/5+58-25-3<-28>789123 4>+12/4578/-457921/*1*>1278 -4578<+*<258741/*>3697>/85

货物或应税劳务、服务名称	规格型号	单位	数量	单价	金　额	税率	税　额
交通运输服务			1	2568.81	2568.81	9%	231.19
合　　计					¥2568.81		¥231.19
价税合计（大写）	⊗贰仟捌佰元整				（小写）¥2,800.00		

销售方	名　　称：安顺汽车运输公司 纳税人识别号：520402078090147 地 址、电 话：安顺市西秀区黄果树大道 178 号 0851-37656898 开户行及账号：工商银行安顺南街支行 204002069012100881	备注	安顺汽车运输公司 520402078090147 发票专用章

收款人：　陈江　　　　复核：　张志　　　开票人：潘德志　　　　销售方：（章）

第二联：发票联　购买方记账凭证

欠 款 欠 据

今欠 安顺市黄果树新创有限责任公司　甲产品 6 件销售款及运费

合计金额（大写）捌万零贰拾元整　　　（小写）¥80020.00 元.

欠款单位：黔南自治州都匀市宏宇公司

经办人：王宋

时　间：2019 年 12 月 3 日

黔南自治州都匀市宏宇公司 财务专用章

产 品 出 库 单

销售渠道：直接销售　　　　2019 年 12 月 03 日

产品名称	规格型号	计量单位	数量	单位成本	成本金额
甲产品		件	6		
提货单位	都匀宏宇公司（销售部门代办托运）			经办人	张宇

主管：　　　　记账：　　　　保管员：王海强

思考题：本次业务是赊销业务，为加强公司内部控制管理，公司经理办公会要求在货物出库前应增加一道发货审批手续，请同学们为财务部赵红艳设计一个发货申请单，并列出 3-4 条具体管控措施。

业务 9

业务 9#提示：经理办张芳 11 月底出差北京，现返回公司报销，出发前预借 5000 元，依据公司差旅费制度，报销后，交回剩余现金 1070 元。

收 款 收 据

2019 年 12 月 4 日

交款单位或交款人	管理部门　张芳	收款方式	现金

事由 差旅费　　现金收讫

金额(人民币大写)：壹仟零柒拾元整　　　¥1070.00

备注：张芳出差前向公司预借差费 5000 元，本次报销 3930 元，交回 1070 元，其他应收款—张芳 5000 元，已结清。

顺市黄果树新创有限责任公司 财务专用章

收款人：陈婷　　　　收款单位（盖章）

差旅费报销明细表

报销部门：管理部门　　　　　　　　填报日期：2019年12月4日

姓名	张芳	出差地点	北京	出差日期	自2019年11月29至2019年12月3日计5天

出差事由：赴北京参加培训会

日期			起讫地点		车船（飞机）费		膳食补助		住宿费		交通补助	
年	月	日	起	讫	类别	金额	日数	金额	日数	金额	日数	金额
2019	11	29	安顺	北京	飞机	650.00	5	500.00	4	1680.00	5	400.00
2019	12	3	北京	安顺	飞机	700.00						
小计					¥1350.00		¥500.00		¥1680.00		¥400.00	

以上单据共 2 张　　　总计金额（大写）：人民币叁仟玖佰叁拾元整　　　¥：3930.00

①预支差旅费 5000.00 元　②外借　　元　③交回现款 1070.00 元　④补领现款　　　元

备注：预借 5000.00 元　核销 3930.00 元　退 1070.00 元

部门负责人：王天一　　　　审核：赵红艳　　　　填报人：张芳

航空运输电子客票行程单

ITINERARY/RECEIPT OF E-TICKET FOR AIR TRANSPORT

印刷序号：7247547896 3
SERIALNUMBER:

旅客姓名 NAME OF PASSENGER 张芳	有效身份证号码 ID.NO. 522501196801202105	签注 ENDORSEMENTSRESTRICTIONS(CARBON) 不得签转

GF7PV	承运人 CARRIER	航班号 FLIGHT	座位等级 CLASS	日期 DATR	时间 TIME	客票级别/客票类别 FARE BASIS	客票生效日期 NOT VALID BEFRE	有效截止日期 NOT VALID AFTER	免费行李 ALLOW
自 FROM 安顺 AVA	联航	KN5226	R	2019-11-29	12:50	Y			20K
至 TO 北京 PEK		KN5225	W	2019-12-03	8:30	Y			
至 TO 安顺 AVA	票价 FARE CNY 1300.00		机场建设费 CN 50.00		燃油附加费 YQ EXEMPT	其他税费	合计 TOTAL CNY 1350.00		

电子客票号码 7842419004864 E-TICKET NO.	验证码 0880 CK.	提示信息 INFORMATION	保险费 20.00
销售单位代码 UEA004 AGENT CODE	填开单位 ISSUED BY	中国联行股份有限公司	填开日期 2019-12-3 DATE OF ISSUE

北京增值税普通发票

No. 08799693

发票联

开票日期：2019 年 12 月 02 日

购买方	名　　称：安顺市黄果树新创有限责任公司 纳税人识别号：520402056030111 地 址、电 话：安顺市黄果树城南路 188 号 0851-33765666 开户行及账号：工商银行安顺黄果树支行 2404030500583803366				密码区	/+35/*1<3135/6*<2/81>325>1247 2>456/5+58-25-3<-28>789123 4>+12/4578/-457921/*1*>1278 -4578<+*<258741/*>3697>/85	
货物或应税劳务、服务名称	规格	单位	数量	单价	金　额	税率	税　额
住宿服务			1	1631.0679	1631.07	3%	48.93
合　　计					¥1631.07		¥48.93
价税合计（大写）	⊗壹仟陆佰捌拾元整						（小写）¥1680.00
销售方	名　　称：北京天坛和颐酒店有限公司 纳税人识别号：110108518364332 地 址、电 话：北京市安乐林路 10 号 010-5338153 开户行及账号：工商银行天坛支行 2404058313573221640				备注	北京天坛和颐酒店有限公司 110108518364332 发票专用章	

收款人：张江　　复核：王三　　开票人：陈红　　销售方：（章）

第二联：发票联 购买方记账凭证

思考题：请同学们在网上自行查找一个企业的差旅费报销制度，列出本企业的 3-4 条差旅费报销及补贴具体条款内容。

业务 10

业务 10#提示：财务部办公室集中处理报废文件柜，收到现金 150 元，文件柜采用“五五摊销法”核算，参见期初余额资料 表 3-2

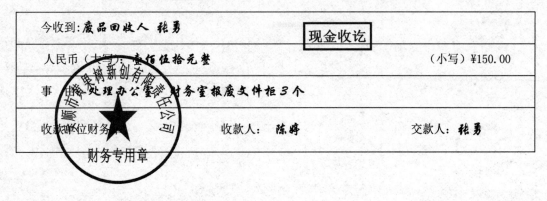

收款收据

2019 年 12 月 4 日　　　　No. 000001

今收到：废品回收人 张勇	现金收讫	
人民币（大写）：壹佰伍拾元整		（小写）¥150.00
事　由：处理办公室财务室报废文件柜 3 个		
收款单位财务章（安顺市黄果树新创有限责任公司 财务专用章）	收款人：陈婷	交款人：张勇

业务 11

业务 11#提示：归还供应商—通顺公司前欠货款，应付账款期初余额 参见表 3-1

ICBC 中国工商银行

业务委托书 黔 B00205698 委托日期：2019 年 12 月 04 日

业务类型		□现金汇款 ☑转账汇款 □汇款申请书 □本票申请书 □其它__			
委托人	全称	安顺市黄果树新创有限责任公司	收款人	全称	贵阳通顺公司
	账号或地址	24040305005838033 66		账号或地址	6222022240776389
	开户行名称	工商银行安顺黄果树支行		开户行名称	工商银行贵阳大十字支行
汇款方式		☑普通□加急 加急汇款人签字		开户银行	贵州 省 贵阳 市

币种及金额（大写）壹拾万元整	千	百	十	万	千	百	十	元	角	分
		¥	1	0	0	0	0	0	0	0

用途	货款	支付密码	7899995

委托人确认上列委托信息正确，且已完全了解和接受背面“客户须知”内容。

上列款项及相关费用请从委托人账户内支付。

安顺市黄果树新创有限责任公司 财务专用章　　王天印　　委托人签章

银行填写	□联动收费 □非联动收费 □不收费	备注

受理（扫描）：　　　　审核：

ICBC 中国工商银行

业务委托书 回执

黔 B00205698

委托人全称	安顺市黄果树新创公司
委托人账号	24040305005838033 66
收款人全称	贵阳通顺公司
收款人账号	6222022240776389
金额	¥100000.00
委托日期	2019.12.04

中国工商银行股份有限公司安顺黄果树支行 2019.12.31 核算专用章

此联为银行受理通知单。若委托人申请汇票或本票业务，应凭此联领取汇票或本票。

作业：请同学们在空白请款单上填写相关内容

请　款　单

年　月　日

请款部门：________________________　请 款 人：

请款事由及用途：

____

人民币（大写）____________________小写¥ ________

备注：

公司负责人：	部门经理	财务经理：	出纳：

业务 12

业务 12#提示：上月所购在途物资—红光公司——圆钢 40 吨送达公司，现已验收入库，参见期初余额资料 表 3-5

收 料 单

供货单位：红光公司

发票号码：02103246　　2019 年 12 月 4 日　　收货仓库：材料库

材料名称	规格	单位	数量		发票金额		应摊销运杂费	实际成本	
			应收	实收	单价	金额		单价	金额
圆钢		吨	40	40	3550.00	142000.00		3550.00	142000.00
合计								3550.00	142000.00

验收：林 祥　　保管：王海强　　记账：　　制单：

业务 13

业务 13#提示：销售部员工张祥申请领用木板包装箱为客户免费包装加固，销售经理黄伟已经审批同意，此费用计入销售部业务经费，在公司年终绩效考核时，要列入相关销售费用项目。销售产品领用包装箱，不单独计价。

领 料 单

1 （领料部门留存）

领料单位：销售部　　凭证编号：

2019 年 12 月 4 日　　发料仓库：材料库

材料编号	材料名称	规格	计量单位	数量		单位成本	金额	备注
				请领	实发			
	木板包装箱		个	100	100	60	6000 元	
用途：包装箱随产品销售						发料人	领料单位负责人	领料人
						林 祥	黄伟	张祥

思考题：同学们为加强仓库管理，公司经理办公会要求增加销售部门免费包装物—木板包装箱的领用审批手续，请同学们结合本企业实际情况设计一个领料申请单，列出 3-4 条具体管控措施。

业务 14

业务 14#提示：基本生产生产车间与机修车间领用原材料——圆钢共 50 吨。

领　料　单

1（领料部门留存）

领料部门：基本生产车间　　　　2019 年 12 月 4 日　　　　凭证编号：

编号	材料名称	规格	计量单位	数量		单位成本	金额	备注
				请领	实发			
	圆钢		吨	28	28	3525.00	98700.00	
用途	生产甲产品耗用				领料部门		发料部门	
					负责人	领料人	核准人	发料人
					林小海	张宏	林 祥	王海强

领　料　单

1（领料部门留存）

领料部门：基本生产车间　　　　2019 年 12 月 4 日　　　　凭证编号：

编号	材料名称	规格	计量单位	数量		单位成本	金额	备注
				请领	实发			
	圆钢		吨	18	18	3525.00	63450 元	
用途	生产乙产品耗用				领料部门		发料部门	
					负责人	领料人	核准人	发料人
					林小海	张宏	林 祥	王海强

领　料　单

1（领料部门留存）

领料部门：机修车间　　　　2019 年 12 月 4 日　　　　凭证编号：

编号	材料名称	规格	计量单位	数量		单位成本	金额	备注
				请领	实发			
	圆钢		吨	4	4	3525.00	14100.00	
用途	领用原材料				领料部门		发料部门	
					负责人	领料人	核准人	发料人
					钟可	徐田	林 祥	王海强

思考题：此处原材料——圆钢 领料单上表示的单位成本 3525 元/吨，是如何计算得来的？

请要会计软件查询原材料—圆钢的数量金额式明细分类账，检查这个单位成本数据的正确性。

业务 15

业务 15#提示：上月暂估入账的原材料--圆钢的发票已经送到财务部，各项审批手续已经完成，会计进行账务处理，出纳通过网银支付给贵开公司货款，开出转账支票支付运费。期初余额资料参见表 3-1 及本月业务 1#凭证

贵州增值税专用发票　　No. 06474968

发票联　　开票日期：2019 年 12 月 05 日

购买方	名　　称：安顺市黄果树新创有限责任公司 纳税人识别号：520402056030111 地 址、电 话：黄果树城南路 188 号 0851-33765666 开户行及账号：工商银行安顺黄果树支行 2404030500583803366				密码区	/-27/*6+78<9-12/81>325>1247 2>456/5+58-25-3<-28>789123 4>+12/4578/-457921/*1*>1278 -4578<+*<258741/*>3697>/85	
货物或应税劳务、服务名称	规格型号	单位	数量	单价	金 额	税率	税 额
圆钢		吨	10	3623.8938	36238.94	13%	4711.06
合　　计					¥36238.94		¥4711.06
价税合计（大写）	⊗肆万零玖佰伍拾元整				（小写）¥40950.00		
销售方	名　　称：安顺贵开股份有限公司 纳税人识别号：5204020780980702 地 址、电 话：安顺市普定县福强路 132 号 0851-33390943 开户行及账号：工商银行安顺普定支行 2404058349583174151				备注		

收款人：　张江　　　复核：　王三　　　开票人：陈红　　　销售方：（章）

第三联：发票联　购买方记账凭证

贵州增值税专用发票　　No. 06852369

发票联　　开票日期：2019 年 12 月 05 日

购买方	名　　称：安顺市黄果树新创有限责任公司 纳税人识别号：520402056030111 地 址、电 话：黄果树城南路 188 号 0851-33765666 开户行及账号：工商银行安顺黄果树支行 2404030500583803366				密码区	/-27/*6+78<9-12/81>325>1247 2>456/5+58-25-3<-28>789123 4>+12/4578/-457921/*1*>1278 -4578<+*<258741/*>3697>/85	
货物或应税劳务、服务名称	规格型号	单位	数量	单价	金 额	税率	税 额
交通运输服务			1	1018.35	1018.35	9%	91.65
合　　计					¥1018.35		¥91.65
价税合计（大写）	⊗壹仟壹佰壹拾元整				（小写）¥1110.00		
销售方	名　　称：安顺汽车运输公司 纳税人识别号：520402078090147 地 址、电 话：安顺西秀区黄果树大道 178 号 0851-37656898 开户行及账号：工商银行安顺南街支行 204002069012100881				备注	起运地：安顺普定 到达地：安顺 车种：小型货车 车号：贵G00889 运输货物：圆钢	

收款人：　陈江　　　复核：　张志　　　开票人：潘德志　　　销售方：（章）

第三联：发票联　购买方记账凭证

中国工商银行

转账支票存根

NO. 30905210

附加信息

出票日期 2019 年 12 月 05 日

收款人：	安顺汽车运输公司
金　额：	1110.00
用　途：	**支付运费**

单位主管　　　会计 赵红艳

中国工商银行　网上银行电子回单

电子回单号码：0007-5689-6702-2581

付款人	户　名	安顺市黄果树新创有限责任公司	收款人	户　名	安顺贵开股份有限公司
	账　号	2404030500583803366		账　号	583-495831
	开户银行	工商银行安顺黄果树支行		开户银行	工商银行安顺普定支行
金　额		人民币（大写）：肆万零玖佰伍拾元整			¥40950.00 元
摘　要		付货款	业务（产品）各类		跨行发报
用　途		购圆钢			
交易流水号		596221	时间戳		2019-12-05
中国工商银行 电子回单专用章		备注：购货款 附言：　　支付交易序号：98100 报文种类：CMT100 汇兑支付报文　委托日期：2019-12-05 业务种类：普通汇兑 收款人地址：　　付款人地址： 验证码：Moliffr4ggfsaAHD7HS7?S7G=			

记账网点	0355	记账柜员	00158	记账日期	2019 年 12 月 5 日

打印日期：2019 年 12 月 5 日

业务提示：学生自行填制收料单

收 料 单

供货单位：红光公司

发票号码：02103246　　2019 年 12 月 5 日　　收货仓库：材料库

材料名称	规格	单位	数量		发票金额（元）		应摊销运杂费	实际成本（元）	
			应收	实收	单价	金额		单价	金额
合计									

验收：林 祥　　保管：王海强　　记账：　　制单：

思考题：上月已经收到的暂估货物原材料—圆钢 10 吨，当时如果已经办理了入库手续，这次是否还需要重新验收入库，请学生思考一下，在发生类似暂估入库业务时，仓库保管员与货物验收人员如何做到在相互牵制的前提条件，一次性完成这个业务的财务手续。

业务 16

业务 16#提示：公司经理办公会决议，委托国泰君安证券公司购买中原股份的股票 5000 股，作为交易性金融资产，财务部收到股票买入交割单。

委托买入交割单

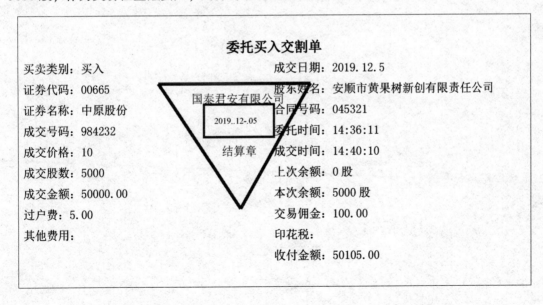

买卖类别：买入　　成交日期：2019. 12. 5

证券代码：00665　　股东姓名：安顺市黄果树新创有限责任公司

证券名称：中原股份　　合同号码：045321

成交号码：984232　　委托时间：14:36:11

成交价格：10　　成交时间：14:40:10

成交股数：5000　　上次余额：0 股

成交金额：50000. 00　　本次余额：5000 股

过户费：5. 00　　交易佣金：100. 00

其他费用：　　印花税：

收付金额：50105. 00

国泰君安有限公司 2019..12-.05 结算章

业务 17

业务 17#提示：安顺大同机械厂从我公司采购乙产品 15 件，货已发出，我方为客户代垫运费，付转账支票 500 元。安顺大同机械厂签发销售金额（含运费）的银行承兑汇票给我方，运费发票原件与我方开出的增值税专用发票已交给对方采购人员，收到对方单位签收发票回执。

贵州增值税专用发票 No. 08905879

开票日期：2019 年 12 月 05 日

购买方	名　　称：安顺大同机械厂 纳税人识别号：520422200341184 地 址、电 话：安顺市中华北路 97 号 开户行及账号：工商银行安顺北街支行 2404030500583852963	密码区	/-27/*6+78<9-12/81>325>1247 2>456/5+58-25-3<-28>789123 4>+12/4578/-457921/*1*>1278 -4578<+*<258741/*>3697>/85

货物或应税劳务、服务名称	规格型号	单位	数量	单价	金额	税率	税额
乙产品		件	15	3313.2743	49699.12	13%	6460.88
合　计					¥49699.12		¥6460.88
价税合计（大写）	⊗伍万陆仟壹佰陆拾元整				（小写）¥56160.00		

销售方	名　　称：安顺市黄果树新创有限责任公司 纳税人识别号：520402056030111 地 址、电 话：黄果树城南路 188 号 0851-33765666 开户行及账号：工商银行安顺黄果树支行 2404030500583803366	备注	安顺市黄果树新创有限责任公司 520402056030111 发票专用章

收款人：陈婷　　复核：　　开票人：张小丽　　销售方：（章）

第三联：记账联　销售方记账凭证

贵州增值税专用发票 No. 06495318

复印件　　发票联

开票日期：2019 年 12 月 05 日

购买方	名　　称：安顺大同机械厂 纳税人识别号：520422200341184 地 址、电 话：安顺市中华北路 97 号 开户行及账号：工商银行安顺北街支行 2404030500583852963	密码区	/-27/*6+78<9-12/81>325>1247 2>456/5+58-25-3<-28>789123 4>+12/4578/-457921/*1*>1278 -4578<+*<258741/*>3697>/85

货物或应税劳务、服务名称	规格型号	单位	数量	单价	金额	税率	税额
交通运输服务			1	458.72	458.72	9%	41.28
合　计					¥458.72		¥41.28
价税合计（大写）	⊗伍佰元整				（小写）¥500.00		

销售方	名　　称：安顺汽车运输公司 纳税人识别号：520402078090147 地 址、电 话：安顺西秀区黄果树大道 178 号 0851-37656898 开户行及账号：工商银行安顺南街支行 204002069012100881	备注	安顺汽车运输公司 520402078090147 发票专用章

收款人：　陈江　　复核：　张志　　开票人：潘德志　　销售方：（章）

第二联：发票联　购买方记账凭证

备注：此运输发票原件转交给安顺大同机械厂，复印件留存财务备查。

产品出库单

销售渠道： 直接销售　　　　2019 年 12 月 05 日

产品名称	规格型号	计量单位	数量	单位成本	成本金额
乙产品		件	15		
提货单位	大同机械厂（销售部门代办托运）			经办人	张江成

主管：　　　　记账：　　　　保管员 ： 王海强

中国工商银行

转账支票存根

NO. 30905212

附加信息

出票日期 2019 年 12 月 05 日

收款人：	安顺汽车运输公司
金　额：	500.00
用　途：	代垫运费

单位主管　　　会计 赵红艳

银行承兑汇票

出票日期（大写）：贰零壹玖年壹拾贰月零伍日

<table>
<tr><td>出票人全称</td><td>安顺大同机械厂</td><td rowspan="3">收款人</td><td>全　称</td><td colspan="12">安顺市黄果树新创有限责任公司</td></tr>
<tr><td>出票人账号</td><td>2404302683711458921</td><td>账　号</td><td colspan="12">2404030500583803366</td></tr>
<tr><td>付款行全称</td><td>工商银行安顺北街支行</td><td>开户银行</td><td colspan="8">安顺工商银行黄果树支行</td><td colspan="2">行号</td><td colspan="2">258</td></tr>
<tr><td rowspan="2">汇票金额</td><td colspan="3" rowspan="2">人民币（大写）伍万陆仟陆佰陆拾元整</td><td>千</td><td>百</td><td>十</td><td>万</td><td>千</td><td>百</td><td>十</td><td>元</td><td>角</td><td>分</td></tr>
<tr><td></td><td></td><td>¥</td><td>5</td><td>6</td><td>6</td><td>6</td><td>0</td><td>0</td><td>0</td></tr>
<tr><td>汇票到期日（大写）</td><td>贰零贰零年叁月零伍日</td><td rowspan="2">付款行</td><td>行号</td><td colspan="12">03608</td></tr>
<tr><td>交易合同号码</td><td></td><td>地址</td><td colspan="12">安顺市中华北路 2 号</td></tr>
<tr><td colspan="2">本汇票请你行承兑，到期无条件支付票款。
安顺大同机械厂 财务专用章
出票人签章</td><td colspan="14">本汇票已经承兑，到期日由本行付款。
中国工商银行股份有限公司安顺黄果树支行 2019.12.31 承兑行签章 核算专用章
承兑日期 2019 年 12 月 5 日</td></tr>
</table>

业务 18

业务 18#提示：本公司向安顺市科技研究所购买非专利技术—机械管理软件用于公司业务管理部门，收到发票一张，付支票结清软件款，该无形资产采用直线法按 10 年摊销。

非专利技术转让合同

转让方：安顺市科技研究所

法定代表人或负责人：张 旭

受让方： 安顺市黄果树新创有限责任公司

法定代表人或负责人：王天一

根据《中华人民共和国合同法》的有关规定，经双方当事人协商一致，签订本合同。

1. 项目名称：机械管理软件

2. 使用本非专利技术的范围：公司内部使用

3. 转让方的主要义务：

(1) 在合同生效之日起 3 天内，向受让方交付技术资料。

(2) 在合同履行过程中，向受让方提供技术指导和服务

(3) 保证所转让的技术具有实用性，可靠性，即为能够应用于生产实践的成熟技术

4. 受让的义务：

(1) 向转让方支付使用费，数额为¥75000.00 元。（款项为全额支付）

(2) 按照合同约定的范围使用本非专利技术。

5. 保密条款在本合同有效期内，双方当事人应对技术资料承担保密义务。

6. 转让方的违约责任：

(1) 转让方不按照合同约定向受让方提供技术资料及技术指导，应视不同情况，返还部分或全部使用费，并支付数额为¥30000.00 元的违约金；

(2) 转让方逾期十天不向受让方提供技术资料及技术指导，受让方有权解除合同，转让方应当返还使用费，并支付数额为¥25000.00 元的违约金；

7. 受让方的违约责任：

(1) 受让方未按合同约定的期限和方式支付使用费，应补交使用费外，应向转让方支付数额为¥20000.00 元的违约金，受让方拒不交付使用费或违约金，除必须停止使用非专利技术外应当返还技术资料，支付数额为¥30000.00 元的违约金；

(2) 受让方使用本技术超越合同约定的范围的，应当停止违约行为，支付数额为¥10000.00 元的违约金；

(3) 受让方未经转让方同意，擅自许可第三方使用本非专利技术，应当停止违约行为，返还非法所得，并支付数额为¥10000.00 元的违约金；

8. 侵权风险责任承担条款

(1) 转让方应当保证自己是本非专利技术的合法所有者，而且在合同订立时尚未被他人申请专利。否则，由此引起侵害他人合法权益的，应当由转让方承担法律责任；

(2) 在本合同履行过程中，如出现他人就同一技术申请专利或获得专利权的情况，受让方有权解除合同。

本合同自当事人双方签字盖章后生效。

转让方负责人（或授权代表）签名：张 旭（盖章）签字时间：2019. 12. 5 签字地点：安顺市科技研究所 开户银行：工商银行安顺市南山支行帐号：2404035838366050003

受让方负责人（或授权代表）签名：王天一 （盖章）签字时间：2019. 12. 5 签字地点：安顺市科技研究所开户银行：安顺工商银行黄果树支行帐号：240403050058380336 6

安顺市黄果树新创有限责任公司 合同专用章

安顺市科技研究所 合同专用章

贵州增值税普通发票　　No. 00437851

发票联　　开票日期：2019 年 12 月 05 日

购买方	名　　称：安顺市黄果树新创有限责任公司 纳税人识别号：520402056030111 地 址、电 话：黄果树城南路 188 号 0851-33765666 开户行及账号：工商银行安顺黄果树支行 2404030500583803366	密码区	/-27/*6+78<9-12/81>325>1247 2>456/5+58-25-3<-28>789123 4>+12/4578/-457921/*1*>1278 -4578<+*<258741/*>3697>/85

货物或应税劳务、服务名称	规格型号	单位	数量	单价	金　额	税率	税　额
非专利技术		项	1	75000.00	75000.00	免税	
合　　计					¥75000.00		
价税合计（大写）	⊗柒万伍仟元整				（小写）75000.00		

销售方	名　　称：安顺市科技研究所 纳税人识别号：520409348747102 地 址、电 话：安顺市地委大院 1 号楼 0851-33459631 开户行及账号：工商银行安顺市南山支行 2404035838366050003	备注	安顺市科技研究所 520409348747102 发票专用章

收款人：　王志强　　　复核：　李天　　　开票人：姜明明　　　销售方：（章）

第三联：发票联　购买方记账凭证

中国工商银行

转账支票存根

NO. 30905213

附加信息

出票日期 2019 年 12 月 05 日

收款人：	安顺市科研所
金　额：	75000.00
用　途：	购买非专利技术

单位主管　　　会计 赵红艳

报销单

2019 年 12 月 05 日

部　　门：财务部

报销事由及用途：缴纳印花税

人民币（大写）叁拾柒元伍角　　现金付讫　小写¥ 37.50

备注：

单位主管：赵红艳　　审核：　　出纳：陈婷　　领款人：陈婷

中华人民共和国
印花税票销售凭证

凭证代码　211001402276

凭证号码　00214675

密码　[redacted]　　填发日期：2019 年 12 月 05 日　　税务机关：安顺市地方税务局

纳税人识别号	520402056030111	纳税人名称	安顺市黄果树新创有限责任公司
面额种类	品目名称	数量	金额
拾元票	非专利技术转让合同	3	30.00
壹元票	非专利技术转让合同	7	7.00
壹角票	非专利技术转让合同	5	0.50
金额合计	（大写）叁拾柒元伍角		37.50
税务机关（盖章）	代售单位（盖章）	售票人 王梆梆	备注

妥　善　保　管

业务 19

业务 19#提示：经公司经理办公会同意，提现金 10000 元备发困难补助金 3000 元。

中国工商银行
现金支票存根
No.33881690
附加信息

出票日期 2019 年 12 月 5 日

收款人：
金　额：
用　途：

单位主管　　会计

中国工商银行　现金支票

No. 33881690

出票日期（大写）　　年　　月　　日　付款行名称：
收款人：　出票人账号：

本支票付款期限十天

人民币（大写）	百	十	万	千	百	十	元	角	分

用途
上列款项请从
我账户内支付
出票人签章　　复核　　记账

安顺市黄果树新创有限责任公司 财务专用章

王天印

实操作业：学生自行填制这张空白支票

思考题：1. 目前大多数银行的网上银行系统可以向直接向个人账户付款，请问本企业有什么具体措施实现出纳与会计这两个不相容岗位在网银付款时相互牵制，互相监督。

安顺市黄果树新创有限责任公司困难职工补助金发放表

2019 年 12 月 5 日

部　门	姓　名	金　额	领款人签字
销售部门	张彤	500.00	张彤
销售部门	李勇	500.00	李勇
办公室	徐静	500.00	徐静
采购部	黄志明	500.00	黄志明
后勤部	黎志鹏	500.00	黎志鹏
仓库	王海强	500.00	王海强
合计：	人民币（大写）：叁仟元整	小写：¥3000.00	

审核：苏洋　　会计主管：赵红艳　　出纳：陈婷

业务 20

业务 20#提示：销售产品，公司与购货方约定现金折扣条件为 2/10、1/20、n/30，现金折扣不包括增值税。

贵州增值税专用发票 No. 08905880

开票日期：2019 年 12 月 05 日

购买方	名称：关岭宏发贸易公司 纳税人识别号：520431042220034 地址、电话：关岭县天河路 15 号 0851-33662512 开户行及账号：工商银行关岭北山支行 240430268357159321				密码区	/-27/*6+78<9-12/81>325>1247 2>456/5+58-25-3<-28>789123 4>+12/4578/-457921/*1*>1278 -4578<+*<258741/*>3697>/85	
货物或应税劳务、服务名称	规格	单位	数量	单价	金额	税率	税额
甲产品		件	8	11389.38	91115.04	13%	11844.96
乙产品		件	15	3313.27	49699.12	13%	6460.88
合计			23		¥140814.16		¥18305.84
价税合计（大写）	⊗壹拾伍万玖仟壹佰贰拾元整				（小写）¥159120.00		
销售方	名称：安顺市黄果树新创有限责任公司 纳税人识别号：520402056030111 地址、电话：安顺市黄果树城南路 188 号 0851-33765666 开户行及账号：工商银行安顺黄果树支行 240403050058380366				备注	安顺市黄果树新创有限责任公司 520402056030111 发票专用章	

收款人：陈婷 复核： 开票人：张小丽 销售方：（章）

第三联：记账联 销售方记账凭证

中国工商银行

转账支票存根

N0. 3090214

附加信息

出票日期 2019 年 12 月 05 日

收款人：	安顺汽车运输公司
金额：	3000.00
用途：	代垫支付运费

单位主管 会计 赵红艳

贵州增值税专用发票　No. 06495367

复印件　　发票联　　　　开票日期：2019 年 12 月 05 日

购买方	名　　称：关岭宏发贸易公司 纳税人识别号：520431042220034 地 址、电 话：关岭县天河路 15 号 0851-33662512 开户行及账号：工商银行关岭北山支行 240430268357159321	密码区	/-27/*6+78<9-12/81>325>1247 2>456/5+58-25-3<-28>789123 4>+12/4578/-457921/*1*>1278 -4578<+*<258741/*>3697>/85

货物或应税劳务、服务名称	规格型号	单位	数量	单价	金额	税率	税额
交通运输服务			1	2752.29	2752.29	9%	247.71
合　　计					¥2752.29		¥247.71
价税合计（大写）	⊗叁仟元整				（小写）¥3000.00		

销售方	名　　称：安顺汽车运输公司 纳税人识别号：520402078090147 地 址、电 话：安顺西秀区黄果树大道 178 号 0851-37656898 开户行及账号：工商银行安顺南街支行 204002069012100881	备注	安顺汽车运输公司 520402078090147 发票专用章

收款人：　陈江　　　复核：　张志　　　开票人：潘德志　　　销售方：（章）

第二联：发票联　购买方记账凭证

备注：此运输发票原件转交给关岭宏发贸易公司，运费发票复印件留作凭证备查。

产品出库单

销售渠道：　直接销售　　　　2019 年 12 月 05 日

产品名称	规格型号	计量单位	数量	单位成本	成本金额
甲产品		件	8		
乙产品		件	15		
提货单位	关岭宏发贸易公司（销售部门代办托运）		经办人	张宇	

主管：　　　　记账：　　　　保管员：王海强

业务21

业务提示：采购部张保军计划到辽宁钢铁厂采购原材料，完成本公司采购业务审批手续后，出纳员向工商银行申请办理银行汇票，已领取面额10万元银行汇票一张，银行已划款。

ICBC 中国工商银行

业务委托书 黔 B00205700 委托日期：2019年12月05日

业务类型	☐现金汇款 ☐转账汇款 ☑汇款申请书 ☐本票申请书 ☐其它__				
委托人 全称	安顺市黄果树新创有限责任公司	收款人 全称	辽宁钢铁厂		
委托人 账号或地址	2404030500583803366 安顺市黄果树城南路188号	收款人 账号或地址	6746658453205895		
委托人 开户行名称	工商银行安顺黄果树支行	收款人 开户行名称	工商银行辽宁省沈阳市中兴路分行		
汇款方式	☑普通☐加急 加急汇款人签字	开户银行	辽宁 省 沈阳 市		
币种及金额（大写）壹拾万元整		千 百 十 万 千 百 十 元 角 分	¥ 1 0 0 0 0 0 0 0		
用途	购材料	支付密码	78997748		
委托人确认上列委托信息正确，且已完全了解和接受背面“客户须知”内容。 上列款项及相关费用请从委托人账户内支付。 安顺市黄果树新创有限责任公司 财务专用章　王天印 委托人签章					
银行收费 ☐联动收费 ☐非联动收费 ☐不收费		备注			

受理（扫描）：　　　　审核：

ICBC 中国工商银行

业务委托书 回执

黔 B00205700

委托人全称	安顺市黄果树新创有限公司
委托人账号	2404030500583803366
收款人全称	辽宁钢铁厂
收款人账号	6746658453205895
金额	¥100000.00
委托日期	2019.12.05
此联为银行受理通知单。若委托人申请汇票或本票业务，应凭此联领取汇票或本票。 中国工商银行股份有限公司安顺黄果树支行 2019.12.31 核算专用章	

付款期限 壹个月

中国工商银行

银行汇票 2　　汇票号码：06982581

出票日期（大写）	贰零壹玖年壹拾贰月零伍日	代理付款行：工商银行辽宁省沈阳市中兴路分行
收款人：辽宁钢铁厂		收款账号或住址：6746658453205895
出票金额人民币（大写）	壹拾万元整	
实际结算金额	人民币（大写）	千 百 十 万 千 百 十 元 角 分

申请人：安顺市黄果树新创有限责任公司　　账号：2404030500583803366

出票行：中国工商银行安顺黄果树支行

备注用途：采购材料

出票行盖章　2019年12月6日

中国工商银行股份有限公司安顺黄果树支行 2019.12.30. 汇票专用章　张宁

多余金额							
十	万	千	百	十	元	角	分

● 此联代理付款行付款后作联行往账借方凭证附件

付款期限
壹 个 月

中国工商银行

银行汇票（解讫通知） **3**　　汇票号码：06982581

出票日期（大写）	贰零壹玖年壹拾贰月零伍日	代理付款行：工商银行辽宁省沈阳市中兴路分行
收款人：辽宁钢铁厂		收款账号或住址：6746658453205895
出票金额人民币（大写）	壹拾万元整	

实际结算金额	人民币（大写）	千	百	十	万	千	百	十	元	角	分

申请人： 安顺市黄果树新创有限责任公司　　账号：24040305005838O3366

出票行：中国工商银行安顺黄果树支行

汇款用途：采购材料

出票行盖章　2019 年 12 月 5 日

中国工商银行股份有限公司安顺黄果树支行 2019.12.30 汇票专用章

张宁

多余金额							
十	万	千	百	十	元	角	分

● 此联代理付款行付款后随报单寄出票行，由出票行作多余款贷方凭证

业务 22

业务 22#提示：今收到安顺顺达运输公司网上银行预付的 3 万元修理货车费。

中国工商银行　网上银行电子回单

电子回单号码：0007-5689-6452-2585

收款人	户名	安顺市黄果树新创有限责任公司	付款人	户名	安顺顺达运输公司
	账号	240403050O583803366		账号	2404030500582587891
	开户银行	工商银行安顺黄果树支行		开户银行	工商银行安顺塔山支行
金额	人民币（大写）：叁万元整　¥30000.00 元				
摘要	预付修理费	业务（产品）各类	跨行发报		
用途					
交易流水号	596554	时间戳	2019-12-06		
中国工商银行 电子回单专用章	备注：修理货车费用 附言：　支付交易序号：98220 报文种类：CMT100 汇兑支付报文　委托日期：2019-12-06 业务种类：普通汇兑 收款人地址：　付款人地址：				
	验证码：Moliffr4ggfsaAHD7HS7?S7G=				

记账网点	0388	记账柜员	00459	记账日期	2019 年 12 月 6 日

打印日期：2019 年 12 月 6 日

作业：请同学依照本业务内容自行填写一份三联式收据。

业务 23

业务 23#提示：近期通过查询工商部门网站公告得知，本公司客户东达公司现已破产注销，该公司与我方有一笔应收款 18700 元，确认无法收回，申请处理坏账。

关于坏账确认的请示

公司领导：

东达公司由于财务困难，尚欠我公司 18700 元货款，期限已达 4 年，已确认无望收回，请批准转作坏账损失处理。

经研究决定，同意财务部处理意见。

黄果树新创有限责任公司 财务专用章

王天一

2019 年 12 月 6 日

业务 24

业务 24#提示：采用移动加权平均法计算发出原材料单位成本，并逐笔结转成本。

领 料 单

1（领料部门留存）

领料部门：基本生产车间　　2019 年 12 月 6 日　　凭证编号：

编号	材料名称	规格	计量单位	数量		单位成本	金额	
				请领	实发			
	生铁		吨	20	20			
用 途	生产甲产品耗用				领料部门		发料部门	
					负责人	领料人	核准人	发料人
					林小海	张宏	林 祥	王海强

领 料 单

1（领料部门留存）

领料部门：机修车间　　　　2019 年 12 月 6 日　　　　凭证编号：

编号	材料名称	规格	计量单位	数量 请领	数量 实发	单位成本	金额
	生铁		吨	1	1		
用 途	一般耗用			领料部门 负责人	领料部门 领料人	发料部门 核准人	发料部门 发料人
				钟可	徐田	林 祥	王海强

实操作业：请将这两笔领料出库的原材料-生铁的单位成本计算后填在领料单的空白栏目处。

业务 25

业务 25#提示：采购部张保军持银行汇票，采购原材料—圆钢，收到辽宁钢铁厂的增值税专用发票，货已经从辽宁钢厂发出，货物还在途中，汇票实际结算金额 95940.00，剩余款项退回银行账户。参见 业务 21#

辽宁增值税专用发票　　No. 095107532

发票联

开票日期：2019 年 12 月 06 日

购买方	名称：安顺市黄果树新创有限责任公司 纳税人识别号：520402056030111 地址、电话：安顺市黄果树城南路 188 号 0851-33765666 开户行及账号：工商银行安顺黄果树支行 2404030500583803366	密码区	/-27/*6+78<9-12/81>325>1247 2>456/5+58-25-3<-28>789123 4>+12/4578/-457921/*1*>1278 -4578<+*<258741/*>3697>/85

货物或应税劳务、服务名称	规格型号	单位	数量	单价	金额	税率	税额
圆钢		千克	20	4245.13	84902.65	13%	11307.35
合　　计					¥84902.65		¥11307.35
价税合计（大写）	⊗玖万伍仟玖佰肆拾元整				（小写）¥95940.00		

销售方	名称：辽宁钢铁厂 纳税人识别号：603005113459456 地址、电话：辽宁省沈阳市中兴路 25 号 024-33327921 开户行及账号：工商银行辽宁省沈阳市中兴路分行 6746658453205895	备注	辽宁钢铁厂 603005113459456 发票专用章

第三联：发票联 购买方记账凭证

收款人：张明义　　　　复核：　　　　开票人：李丽　　　　销售方：（章）

付款期限
壹 个 月

中国工商银行

银 行 汇 票（多余款收帐通知）**4**　　汇票号码：06982581

出票日期（大写）	贰零壹玖年壹拾贰月零伍日	代理付款行：工商银行辽宁省沈阳市中兴路分行
收款人：辽宁钢铁厂		收款账号或住址：6746658453205895
出票金额人民币（大写）	壹拾万元整	

实际结算金额	人民币（大写）	玖万伍仟玖佰肆拾元整	千	百	十	万	千	百	十	元	角	分
					¥	9	5	9	4	0	0	0

申请人：　安顺市黄果树新创有限责任公司　　　　账号：24040305005838O3366

出票行：中国工商银行安顺黄果树支行

汇款用途：采购材料

出票行盖章　2019年12月6日

中国工商银行股份有限公司安顺黄果树支行　2019.12.30　汇票专用章

多余金额							
十	万	千	百	十	元	角	分
	¥	4	0	6	0	0	0

● 此联出票行清算多余款后交申请人　张宁

业务 26

业务26#提示：因公司业务发展需要，经公司经理办公会决议在安顺电视台做广告，公司销售部已办理相关内部审批手续，用转账支票付款。

中国工商银行

转账支票存根

No. 30905215

附加信息

出票日期 2019 年 12 月 06 日

收款人：	安顺电视台广告部
金　额：	88000.00
用　途：	支付广告费

单位主管　　会计 赵红艳

作业：请同学们在空白请款单上填写相关内容

请　款　单

年　　月　　日

申请部门：　　　　　　　　　　　　　　　　　　申请人：

请款事由及用途：________________ ____ 人民币（大写）________________________小写¥________			
● 备注：			
公司负责人：	部门经理	财务经理：	出纳：

贵州增值税专用发票

No. 08852365

发票联

开票日期：2019 年 12 月 06 日

购买方	名　　称：安顺市黄果树新创有限责任公司 纳税人识别号：520402056030111 地 址、电 话：黄果树城南路 188 号 0851-33765666 开户行及账号：工商银行安顺黄果树支行 240403050058380336 6	密码区	/-27/*6+78<9-12/81>325>12>456 /5+58-25-3<-28>78914>+12/4578 15934//**85221/-457921/*1*>1 741/-4578<+*<258741/*>3697>/

货物或应税劳务、服务名称	规格型号	单位	数量	单价	金　额	税率	税　额
广告费			1	83018.87	83018.87	6%	4981.13
合　　计					¥83018.87		¥4981.13
价税合计（大写）	⊗捌万捌仟元整					（小写）¥88000.00	

销售方	名　　称：安顺电视台广告部 纳税人识别号：520402561599963 地 址、电 话：安顺市金虹路 18 号 0851-3284169 开户行及账号：工商银行安顺体育场支行 2404030502031523521	备注	安顺电视台广告部 520402561599963 发票专用章

收款人：毕同　　　　复核：　　　　开票人：张志菊　　　　销售方：（章）

第二联：发票联　购买方记账凭证

业务 27

业务 27#提示：公司办公室采购一批公文包，已经分发到财务部与销售部

贵州增值税普通发票

No. 08901218

发票联

开票日期：2019 年 12 月 06 日

购买方	名　　称：安顺市黄果树新创有限责任公司 纳税人识别号：520402056030111 地 址、电 话：黄果树城南路 188 号 0851-33765666 开户行及账号：工商银行安顺黄果树支行 2404030500583803366					密码区	1/-27/*6+78<9-12/81>325>12>4 56/5+58-25-3<-28>78914>+12/4 555445555/**78/-457921/*1*>1 3692-4578<+*<258741/*>3697>/	
货物或应税劳务、服务名称	规格型号	单位	数量	单价	金额	税率	税额	
公文包		个	50	22.7184	1135.92	3%	34.08	
合　计					¥1135.92		¥38.08	
价税合计（大写）	⊗壹仟壹佰柒拾元整						（小写）¥1170.00	
销售方	名　　称：安顺百佳文具店 纳税人识别号：5204020780890720 地 址、电 话：安顺市南华路 27 号 0851-33685606 开户行及账号：建设银行安顺南华支行 5537596466258258111					备注	安顺百佳文具店 5204020780890720 发票专用章	

收款人：张小妹　　复核：　　开票人：王家　　销售方：（章）

第二联：发票联　购买方记账凭证

中国工商银行
转账支票存根
NO. 30905216

附加信息

出票日期 2019 年 12 月 06 日

收款人：	安顺百佳文具店
金　额：	1170.00
用　途：	购办公用品

单位主管　　会计 赵红艳

收 料 单

供货单位：安顺百佳文具店

发票号码：No. 08905796　　2019 年 12 月 6 日　　仓库：材料库

材料编号	名称及规格	单位	数量		实际成本		备注
			应收	实收	单位成本	金额	
	公文包	个	50	50	23.40	1170.00	
合　计		个	50	50	23.40	1170.00	

第二联：记账依据

验收：林 祥　　保管：王海强　　记账：　　制单：

领 料 单

1（领料部门留存）

领料部门：财务部　　2019 年 12 月 6 日　　凭证编号：

编号	材料名称	规格	计量单位	数量		单位成本	金额	备注
				请领	实发			
	公文包		个	30	30	23.40	702.00	
用 途	整理档案资料			领料部门			发料部门	
				负责人	领料人	核准人	发料人	
				赵红艳	陈婷	林 祥	王海强	

领 料 单

1（领料部门留存）

领料部门：销售部　　2019 年 12 月 6 日　　凭证编号：

编号	材料名称	规格	计量单位	数量		单位成本	金额	备注
				请领	实发			
	公文包		个	20	20	23.40	468.00	
用 途	装销售宣传资料			领料部门			发料部门	
				负责人	领料人	核准人	发料人	
				黄伟	王峰	林 祥	王海强	

业务 28

业务 28#提示：经公司经理办公会同意，向安顺康星有限公司有偿转让——无形资产—专利权--办公管理软件一套，合同金额 63000 元，依据有关税收优惠政策向税务机关申请免征增值税，获得许可。收到银行转账支票，已入账。参见期初余额 表 3-1

贵州增值税普通发票

No. 07161215

开票日期：2019 年 12 月 06 日

购买方	名　　称：安顺康星有限公司 纳税人识别号：522501196825789878 地 址、电 话：安顺市塔山东路 337 号 0851-33369526 开户行及账号：工商银行安顺塔山支行 2404030500545622 45	密码区	/-27/*6+78<9-12/81>325>125941/ *>36970//82179*<25873//1 5552>456/5+58-25-3<-28>78 8524>+12/4578/-457921/*185

货物或应税劳务、服务名称	规格型号	单位	数量	单价	金额	税率	税额
出售专利权			1	63000.00	63000.00	免税	
合　　计					¥63000.00		
价税合计（大写）	⊗陆万叁仟元整				（小写）¥63000.00		

销售方	名　　称：安顺市黄果树新创有限责任公司 纳税人识别号：520402056030111 地 址、电 话：黄果树城南路 188 号 0851-33765666 开户行及账号：工商银行安顺黄果树支行 240403050058380336 6	备注	安顺市黄果树新创有限责任公司 520402056030111 发票专用章

收款人：陈婷　　复核：　　开票人：张小丽　　销售方：（章）

第三联：记账联 销货方记账凭证

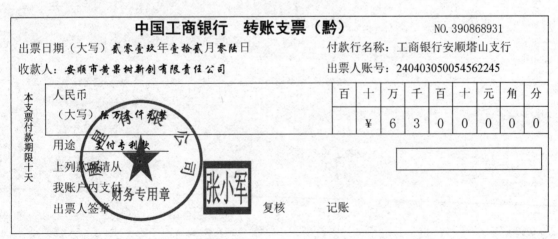

中国工商银行　转账支票（黔）

NO. 390868931

出票日期（大写）贰零壹玖年壹拾贰月零陆日　　付款行名称：工商银行安顺塔山支行

收款人：安顺市黄果树新创有限责任公司　　出票人账号：240403050054562245

人民币（大写）	百	十	万	千	百	十	元	角	分
陆万叁仟元整		¥	6	3	0	0	0	0	0

本支票付款期限十天

用途　支付专利款

上列款项请从

我账户内支付

出票人签章　财务专用章　张小军　　复核　　记账

ICBC 中国工商银行 进账单（回 单）2

2019 年 12 月 06 日

出票人	全 称	安顺康星有限公司	收款人	全 称	安顺市黄果树新创有限责任公司
	账 号	2404030500545622245		账 号	2404030500583803366
	开户银行	工商银行安顺塔山支行		开户银行	工商银行安顺黄果树支行

金额	人民币（大写）陆万叁仟元整	亿	千	百	十	万	千	百	十	元	角	分
					¥	6	3	0	0	0	0	0

票据种类	转支	票据张数	1
票据号码	NO. 390868931		
	复核 记账		

中国工商银行股份有限公司安顺黄果树支行 2019.12.31 核算专用章 开户银行签章

此联是开户银行交给持（出）票人的回单

报销单

2019 年 12 月 06 日

部 门：财务部 报销事由及用途：缴纳印花税

人民币（大写）叁拾壹元伍角整 现金付讫 小写¥31.50

备注：

单位主管：赵红艳 审核： 出纳：陈婷 领款人：陈婷

ICBC 中国工商银行　　进账单（收账通知）3

2019 年 12 月 06 日

出票人	全　称	安顺康星有限公司	收款人	全　称	安顺市黄果树新创有限责任公司
	账　号	240403050054562245		账　号	2404030500583803366
	开户银行	工商银行安顺塔山支行		开户银行	工商银行安顺黄果树支行

金额	人民币（大写）陆万叁仟元整	亿	千	百	十	万	千	百	十	元	角	分
					¥	6	3	0	0	0	0	0

票据种类	转支	票据张数	1
票据号码	NO. 390868931		
	复核　　记账		

中国工商银行股份有限公司安顺黄果树支行
2019.12.31
收款人开户银行签章
核算专用章

此联是收款人开户银行交给收款人的收账通知

凭证代码　2110148902269

中华人民共和国
印花税票销售凭证

凭证号码　00213658

密码 [redacted]　　填发日期：2019 年 12 月 06 日　　税务机关：　安顺市地方税务局

纳税人识别号	520402056030111	纳税人名称	安顺市黄果树新创有限责任公司
面额种类	品目名称	数量	金额
拾元票	专利权转让合同	3	30.00
壹元票	专利权转让合同	1	1.00
壹角票	专利权转让合同	5	0.50
金额合计	（大写）叁拾壹元伍角整		¥31.50
税务机关（盖章）	代售单位（盖章）	售票人 王梆梆	备注

安顺市地方税务局 01 征税专用章

妥　善　保　管

专利权转让合同

转让方：安顺市黄果树新创有限责任公司

法定代表人或负责人：王天印

受让方： 安顺康星有限公司

法定代表人或负责人：兴康印军

根据《中华人民共和国合同法》的有关规定,经双方当事人协商一致,签订本合同。

1.项目名称:OA办公管理软件

2.转让方的主要义务：

(1)在合同生效之日起3天内,向受让方交付技术资料。

(2)在合同履行过程中，向受让方提供技术指导和服务。

(3)保证所转让的技术具有实用性，可靠性,即为能够应用于生产实践的成熟技术

3.受让方的义务：

(1)向转让方支付使用费,数额为¥63,000.00元。(款项为全额支付)

(2)按照合同约定的范围使用本非专利技术。

4.保密条款在本合同有效期内,双方当事人应对技术资料承担保密义务。

5.转让方的违约责任：

(1)转让方不按照合同约定向受让方提供技术资料及技术指导,应视不同情况,返还部分或全部使用费,并支付数额为¥25,000.00元的违约金。

(2)转让方逾期十天不向受让方提供技术资料及技术指导,受让方有权解除合同,转让方应当返还使用费,并支付数额为¥20,000.00元的违约金。

6.受让方的违约责任：

(1)受让方未按合同约定的期限和方式支付使用费,应补交使用费外,应向转让方支付数额为¥20,000.00元的违约金,受让方拒不交付使用费或违约金,除必须停止使用非专利技术外，应当返还技术资料，支付数额为¥30,000.00元的违约金。

(2)受让方使用本技术超越合同约定的范围的,应当停止违约行为,支付数额为¥10,000.00元的违约金;

(3)受让方未经转让方同意,擅自许可第三方使用本非专利技术,应当停止违约行为,返还非法所得,并支付数额为¥10,000.00元的违约金。

7.侵权风险责任承担条款：

(1)转让方应当保证自己是本非专利技术的合法所有者,而且在合同订立时尚未被他人申请专利。否则,由此引起侵害他人合法权益的,应当由转让方承担法律责任。

(2)在本合同履行过程中,如出现他人就同一技术申请专利或获得专利权的情况,受让方有权解除合同。

本合同自当事人双方签字盖章后生效。

转让方负责人(或授权代表)签名 ：王天一(盖章)签字时间:2019.12.6　签字 地点:安顺康星有限公司

开户银行:安顺工商银行黄果树支行账号：2404030500583803366

受让方负责人(或授权代表)签名:康军兴(盖章)签字时间：2019.12.6　签字地点：安顺康星有限公司

开户银行及账号:工商银行安顺塔山支行 240403050054562245

出售无形资产—专利权净损益计算表

2019 年 12 月 06 日　　　　单位：元

出售专利权收入	63000.00
减：（1）专利权账面余额	63400.00
其中：专利权账面原价	100000.00
累计摊销	36600.00
减：（2）相关税费—印花税	31.50
出售专利权净损益	-431.50

制单：陈婷　　　　审核：赵红艳

业务 29

业务 29#提示：委托银行代发 11 月份工资

中国工商银行
转账支票存根
NO. 30905219

附加信息

出票日期 2019 年 12 月 06 日

收款人：	黄果树新创公司
金　额：	136312.33
用　途：	发放上月工资

单位主管　　会计 赵红艳

工资结算汇总表

单位：元

车间及部门		应付工资	代垫款	代扣款项				实发工资
			电费	社保费（个人）	公积金（个人）	个人所得税	扣款小计	
基本生产车间	甲产品工人	46,130.00	500.00	5,073.20	5,534.40		10,607.60	35,022.40
	乙产品工人	19,770.00	300.00	2,164.80	2,361.60		4,526.40	14,943.60
	管理人员	10,200.00	210.00	1,120.98	1,222.88	90.00	2,433.86	7,556.14
机修车间人员		31,440.00	350.00	3,461.70	3,776.40	50.00	7,288.10	23,801.90
销售部人员		22,180.00	200.00	2,421.85	2,642.02	80.00	5,143.86	16,836.14
行政管理部人员		52,176.00	1,200.00	5,721.84	6,242.00	860.00	12,823.84	38,152.16
合计		181,896.00	2,760.00	19,964.37	21,779.30	1,080.00	42,823.67	136,312.33

业务 30

业务 30#提示：银行自动划款缴付 11 月份各项应付税费。缴税明细见缴款书。公司与主管税务机关、开户银行签订了《电子划缴税费三方协议书》

所有税费由银行代缴。应付税费期初数参见表 3-1

ICBC 中国工商银行　　凭证

缴税日期：2019 年 12 月 03 日　　凭证字号：20191203123546987

纳税人全称：　安顺市黄果树新创有限责任公司　　纳税人识别号：　520402056030111

付款人全称：　安顺市黄果树新创有限责任公司

付款人账号　　240402050058380000O　　征收机关名称：贵州省安顺市西秀区税务局

付款人开行：　中国工商银行安顺黄果树支行　　收款国库（银行）名称：国家金库西秀区支库

小写（合计）金额：45990.00 元　　缴款书交易流水号：98725800058

大写（合计）金额：肆万伍仟玖佰玖拾元整　　税票号码：32104564780000963258

税（费）种名称：	所属日期	实缴金额（单位：元）
增值税	20191101-20191130	43,800.00
教育费附加	20191101-20191130	1,314.00
地方教育费附加	20191101-20191130	876.00

中国工商银行股份有限公司安顺黄果树支行
自助回单专用章
001

打印时间：　2019 年 12 月 6 日

客户回单联　　验证码：458933F008　　复核：　记账：

ICBC 中国工商银行 凭证

缴税日期：2019 年 12 月 03 日　　凭证字号：201912031235852132

纳税人全称：	安顺市黄果树新创有限责任公司	纳税人识别号：	520402056030111
付款人全称：	安顺市黄果树新创有限责任公司		
付款人账号	2404020500583800000	征收机关名称：	贵州省安顺市西秀区税务局
付款人开户行：	中国工商银行安顺黄果树支行	收款国库（银行）名称：	国家金库西秀区支库
小写（合计）金额：	4146.00 元	缴款书交易流水号：	98725802288
大写（合计）金额：	肆仟壹佰肆拾陆元整	税票号码：	3210456478000099852
税（费）种名称：		所属日期	实缴金额（单位：元）
城市建设税		20191101-20191130	3,066.00
个人所得税		20191101-20191130	1,080.00
		打印时间：	2019 年 12 月 6 日

中国工商银行股份有限公司安顺黄果树支行 自助回单专用章 001

客户回单联　　验证码：458933F112　复核：　记账：

业务 31

业务 31#提示：销售部业务代表李华招待客户报销业务餐费，销售部主任黄伟已经审批，付现金。

贵州增值税普通发票

No. 081368549

发票联

开票日期：2019 年 12 月 07 日

购买方	名　　称：安顺市黄果树新创有限责任公司 纳税人识别号：520402056030111 地 址、电 话：安顺市黄果树城南路 188 号 0851-33765666 开户行及账号：工商银行安顺黄果树支行 2404030500583803366				密码区	1/-27/*6+78<9-12/81>325>12>4 56/5+58-25-3<-28>78914>+12/4 555445555/**78/-457921/*1*>1 3692-4578<+*<258741/*>3697>/	
货物或应税劳务、服务名称	规格型号	单位	数量	单价	金额	税率	税额
餐饮服务			1	834.95	834.95	3%	25.05
合计					¥834.95		¥25.05
价税合计（大写）	⊗捌佰陆拾元整					（小写）¥860.00	
销售方	名　　称：安顺厨房饭店 纳税人识别号：5204034409400331 地 址、电 话：安顺市新天地 27 号 0851-33685606 开户行及账号：工商银行安顺新天地支行 5537596466258285222				备注	安顺厨房饭店 5204034409400331 发票专用章	

收款人：张小星　　复核：　　开票人：何光　　销售方：（章）

第二联：发票联 购买方记账凭证

报销单

2019 年 12 月 07 日

部　门：销售部 李华	
报销事由及用途：业务接待客户招待费	
人民币（大写）捌佰陆拾元整　　现金付讫　小写¥860.00	
备注：	

单位主管：赵红艳　　审核：黄伟　　出纳：陈婷　　领款人：李华

业务 32

业务 32#提示：公司采购部购入劳保用品手套工作服一批，已经办理全部公司内部审批手续，仓库已验收入库，财务办理支票支付货款。

商 品 销 售 清 单

客户名：安顺市黄果树新创有限责任公司　　2019 年 12 月 7 日

品名规格	单位	数量	单价	金额						
				万	千	百	十	元	角	分
橡胶手套	副	100	40.00		4	0	0	0	0	0
工作服	套	100	210.00	2	1	0	0	0	0	0
合　计				2	5	0	0	0	0	0
合计金额（大写）贰万伍仟元整										

填票人：张琪

中国工商银行
转账支票存根
No. 30905220

附加信息

出票日期 2019 年 12 月 07 日

收款人：安顺安康劳保有限公司	
金　额：25,000.00	
用　途：购劳保用品	

单位主管　　　　会计 赵红艳

贵州增值税普通发票

No. 081368549

发票联

开票日期：2019 年 12 月 07 日

购买方	名　　称：安顺市黄果树新创有限责任公司 纳税人识别号：520402056030111 地 址、电 话：黄果树城南路 188 号 0851-33765666 开户行及账号：工商银行安顺黄果树支行 2404030500583803366	密码区	1/-27/*6+78<9-12/81>325>12>4 56/5+58-25-3<-28>78914>+12/4 555445555/**78/-457921/*1*>1 3692-4578<+*<258741/*>3697>/

货物或应税劳务、服务名称	规格型号	单位	数量	单价	金　额	税率	税　额
劳保用品		批	1	24271.84	24271.84	3%	728.16
合　　计					¥24271.84		¥728.16
价税合计（大写）	⊗贰万伍仟元整				（小写）¥25000.00		

销售方	名　　称：安顺安康劳保有限公司 纳税人识别号：520778742356889 2 地 址、电 话：安顺市中华北路 23 号 0851-33288121 开户行及账号：建设银行虹山支行 5538917287273781287	备注	安顺安康劳保有限公司 520778742356889 2 发票专用章

收款人：　　　复核：　　　　开票人：张上诊　　　　销售方：（章）

第二联：发票联　购买方记账凭证

产 品 销 货 清 单

购货单位：安顺市黄果树新创有限责任公司 2019 年 12 月 07 日

序号	货名	规格	单位	数量	单价	金额
1	橡胶手套		副	100	40.00	4000.00
2	工作服		套	100	210.00	21000.00
3						
4						
5						
6						
7						
8						
合计金额（大写）贰万伍仟元整				（小写）¥25000.00		

收 料 单

供货单位：安顺安康劳保有限公司

发票号码：No. 089057549 2019 年 12 月 7 日 仓库：材料库

材料编号	名称及规格	计量单位	数量		实际成本		备注
			应收	实收	单价（元）	金额（元）	
	橡胶手套	副	100	100	40.00	4000.00	
合 计			100	100	40.00	4000.00	

第二联：记账依据

验收：林 祥 保管：王海强 记账： 制单：

收 料 单

供货单位：安顺安康劳保有限公司

发票号码：No. 089057549 2019 年 12 月 7 日 仓库：材料库

材料编号	名称及规格	计量单位	数量		实际成本		备注
			应收	实收	单价（元）	金额（元）	
	工作服	套	100	100	210.00	21000.00	
合 计			100	100	210.00	21000.00	

第二联：记账依据

验收：林 祥 保管：王海强 记账： 制单：

作业：请同学们在空白请款单上填写相关内容

<table>
<tr><td colspan="4" align="center"><u>请　款　单</u>
年　月　日</td></tr>
<tr><td colspan="2">申请部门：</td><td colspan="2">申请人：</td></tr>
<tr><td colspan="4">请款事由及用途：____________________
____
人民币（大写）____________________________________小写¥__________</td></tr>
<tr><td colspan="4">● 备注：</td></tr>
<tr><td>公司负责人：</td><td>部门经理</td><td>财务经理：</td><td>出纳：</td></tr>
</table>

业务33

业务提示：办公室驾驶员余刚报销公务用车油费，公司领导已审批同意，付现金，学生自行填制报销单

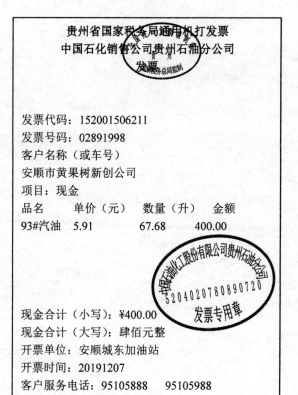

贵州省国家税务局通用机打发票
中国石化销售公司贵州石油分公司
发票

发票代码：152001506211
发票号码：02891998
客户名称（或车号）
安顺市黄果树新创公司
项目：现金

品名	单价（元）	数量（升）	金额
93#汽油	5.91	67.68	400.00

现金合计（小写）：¥400.00
现金合计（大写）：肆佰元整
开票单位：安顺城东加油站
开票时间：20191207
客户服务电话：95105888　95105988

报　销　单

2019 年　　月　　日

部　　门：________________

现金付讫

报销事由及用途：________________

人民币（大写）________________小写¥ ________

备注：

单位主管：　　　　审核：　　　　出纳：　　　　领款人：

业务 34

业务 34#提示：收到客户—安顺龙宕商贸公司交来的订货款 2 万元，收转账支票已经入账。

中国农业银行　**转账支票（黔）**　NO .908688551

出票日期（大写）贰零壹玖年壹拾贰月零捌日　付款行名称：农业银行安顺市塔山支行

收款人：安顺市黄果树新创有限责任公司　出票人账号：

2404030500512867890

本支票付款期限十天

人民币（大写）贰万元整	百	十	万	千	百	十	元	角	分
		¥	2	0	0	0	0	0	0

用途：付货款

上列款项请从

我账户内支付

出票人签章　安顺市龙宕商贸公司 财务专用章　王云　复核　记账

ICBC 中国工商银行 进账单（回 单）2

2019 年 12 月 08 日

出票人			收款人		
出票人	全 称	安顺市龙宕商贸公司	收款人	全 称	安顺市黄果树新创有限责任公司
	账 号	2404030500512867890		账 号	2404030500583803366
	开户银行	农业银行安顺市塔山支行		开户银行	工商银行安顺黄果树支行

金额	亿	千	百	十	万	千	百	十	元	角	分
人民币（大写）贰万元整				¥	2	0	0	0	0	0	0

票据种类	转支	票据张数	1
票据号码	NO. 10839081897		

复核 记账

开户银行签章

（印章：中国工商银行股份有限公司安顺黄果树支行 2019.12.31 核算专用章）

此联是开户银行交给持（出）票人的回单

ICBC 中国工商银行 进账单（收账通知）3

2019 年 12 月 08 日

出票人			收款人		
出票人	全 称	安顺市龙宕商贸公司	收款人	全 称	安顺市黄果树新创有限责任公司
	账 号	2404030500512867890		账 号	2404030500583803366
	开户银行	农业银行安顺市塔山支行		开户银行	工商银行安顺黄果树支行

金额	亿	千	百	十	万	千	百	十	元	角	分
人民币（大写）贰万元整				¥	2	0	0	0	0	0	0

票据种类	转支	票据张数	1
票据号码	XI 10839081897		

复核 记账

开户银行签章

（印章：中国工商银行股份有限公司安顺黄果树支行 2019.12.31 核算专用章）

此联是收款人开户银行交给收款人的收账通知

业务 35

业务 35#提示：公司办公室采购文件柜一批，相关审批手续完备，财务付转账支票，文件柜收验收入库。

贵州增值税普通发票　　No. 0818551209

发票联

开票日期：2019 年 12 月 08 日

购买方	名　　称：安顺市黄果树新创有限责任公司 纳税人识别号：520402056030111 地 址、电 话：黄果树城南路 188 号 0851-33765666 开户行及账号：工商银行安顺黄果树支行 2404030500583803366	密码区	/-27/*6+78<9-12/81>325>1 2>456/5+58-25-3<-28>7891 4>+12/4578/-457921/*1*>127 -4578<+*<258741/*>3697>/

货物或应税劳务、服务名称	规格型号	单位	数量	单价	金额	税率	税额
文件柜		个	10	619.418	6194.18	3%	185.82
合　　计					¥6194.18		¥185.82
价税合计（大写）	⊗陆仟叁佰捌拾元整				（小写）¥6380.00		

销售方	名　　称：安顺百佳文具店 纳税人识别号：5204020780890702 地 址、电 话：安顺市南华路 27 号 0851-33685606 开户行及账号：建设银行安顺南华支行 5537596466258258111	备注	安顺百佳文具店 5204020780890720 发票专用章

收款人：张小妹　　　复核：　　　开票人：王家　　　销售方：（章）

第三联：发票联　购买方记账凭证

收　料　单

供货单位：安顺百佳文具店

发票号码：No. 08905799　　2019 年 12 月 8 日　　仓库：材料库

材料编号	名称及规格	计量单位	数量		实际成本		备注
			应收	实收	单价（元）	金额（元）	
	文件柜	个	10	10	638.00	6380.00	加厚钢制
合　　计		个	10	10	638.00	6380.00	

验收：林祥　　　保管：王海强　　　记账：　　　制单：

第二联：记账依据

中国工商银行
转账支票存根
NO. 30905221

附加信息____________________________

出票日期 2019 年 12 月 08 日

收款人：安顺百佳文具店	
金　额：6380.00	
用　途：购办公用品	

单位主管　　　　会计 赵红艳

作业：请同学们在空白请款单上填写相关内容

请　款　单

年　月　日

申请部门：　　　　　　　　　　　　申请人：

请款事由及用途：________________ ____ 人民币（大写）____________________小写¥________			
● 备注：			
公司负责人：	部门经理	财务经理：	出纳：

业务 36

业务提示：经公司经理办公会同意，委托国泰君安证券公司购入大成股份公司股票2000 股，将其划分为交易性金融资产，每股购入价中已包含但尚未发放的现金股利 0.2 元

大成股份有限公司现金股利派发实施公告

根据股东大会决议 2019 年权益分派方案为:每股派发 0.20 元人民币现金。

股权登记日：2019 年 12 月 25 日，除息日：2019 年 12 月 26 日

本公司本次委托中国结算上海分公司代派的股息将于 2019 年 12 月 26 日通过股东托管证券公司直接划入其资金账户。

大成股份有限公司

2019 年 12 月 9 日

大成股份有限公司 业务专用章

委托买入交割单

国泰君安有限公司 2019.12.09 结算章

买卖类别：买入	成交日期：2019.12.09
股东代码：0126489	股东姓名：安顺市黄果树新创公司
证券代码:006226	合同号码：0432768
证券名称：大成股份公司	委托时间：14:26:10
成交号码：90342789	成交时间：14:30:09
成交价格：20.00	上次余额：0 股
成交股数：2 000	本次余额：2 000 股
成交金额：40000.00	交易佣金：80.00
过户费：2.00	印花税：
其它收费：	收付金额：40082.00

应收股利计算表

2019 年 12 月 9 日　　单位：元

项　目	股份数	股利分配率	应分得股利
大成股份公司	2000	0.2 元/股	400.00
合计	2000		400.00

业务 37

业务提示：经公司经理办公会同意，委托国泰君安证券公司出售本公司持有的北方股份公司股票 5000 股，交易已完成，款项收入国泰君安本公司股票专户，北方股份期初数据可参见表 3-1

委托卖出交割单

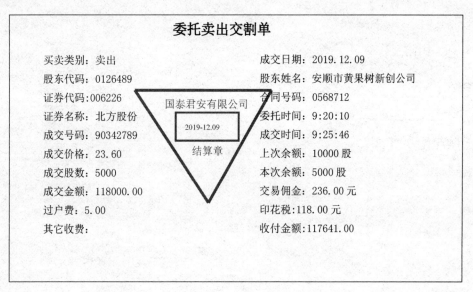

买卖类别：卖出	成交日期：2019.12.09
股东代码：0126489	股东姓名：安顺市黄果树新创公司
证券代码:006226	合同号码：0568712
证券名称：北方股份	委托时间：9:20:10
成交号码：90342789	成交时间：9:25:46
成交价格：23.60	上次余额：10000 股
成交股数：5000	本次余额：5000 股
成交金额：118000.00	交易佣金：236.00 元
过户费：5.00	印花税:118.00 元
其它收费：	收付金额:117641.00

国泰君安有限公司 2019-12.09 结算章

业务 38

业务 38#提示：生产车间工人王风因违反车间机械设备操作规定，造成生产车间非正常停工 15 分钟，依据公司综合管理制度与员工手册相关规定，对王风处罚款 300 元，记小过一次。处罚王风的公示函书已在公司公告栏公示，财务收到王风交来的现金罚款。

收 款 收 据

2019 年 12 月 9 日

今收到：王风违规罚款	
人民币(大写) 叁佰元整　现金收讫	(小写)¥300.00
事由：车间工人王风违反车间操作规定	
收款单位财务章 安顺市黄果树新创有限责任公司 财务专用章 收款人 陈婷	交款人：王风

业务 39

业务 39#提示：公司专职驾驶员王猛报销汽车修理费，办公室相关领导已经审批，财务付现金。

贵州增值税普通发票

No. 0502912358

发票联

开票日期：2019 年 12 月 08 日

购货方	名　　称：安顺市黄果树新创有限责任公司 纳税人识别号：520402056030111 地 址、电 话：黄果树城南路 188 号 0851-33765666 开户行及账号：工商银行安顺黄果树支行 2404030500583803366	密码区	0 9 2 5 8 />81 3 7 5<- 1+7加密版本：01 - 5- </4 9 2<- 2 #- 1 3-3700031116 3- 6 3 08 7 1 7 0 6 8 2 6178500178/49 7 0<7+ 2/4 4 5 1 0 9 14796699//48

货物或应税劳务名称	规格型号	单位	数量	单价	金额	税率	税额
刹车片		个	1	340.71	340.71	13%	44.49
合计					¥340.71		¥44.49
价税合计（大写）：⊗叁佰捌拾伍元整						（小写）¥385.00	

销售方	名称：安顺车博士汽修有限公司 纳税人识别号：520402078089066 54 地址、电话：西秀区两所屯路口 0851-59570907 开户银行及账号：工商银行安顺两所屯分行 2303035600418445 88	备注	安顺车博士汽车修理有限公司 520402078089066 54 发票专用章

收款人：王磊　　复核：　　开票人：王家　　销售方：（章）

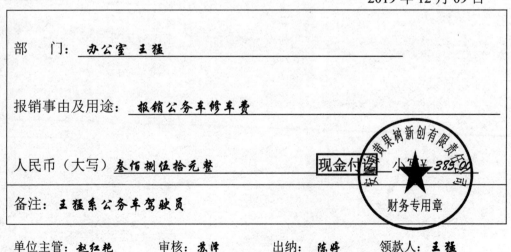

第二联：发票联　购货方记账凭证

报销单

2019 年 12 月 09 日

部　门：办公室 王猛

报销事由及用途：报销公务车修车费

人民币（大写）叁佰捌拾伍元整　　现金付讫　　小写¥ 385.00

备注：王猛系公务车驾驶员

安顺市黄果树新创有限责任公司 财务专用章

单位主管：赵红艳　　审核：苏泽　　出纳：陈婷　　领款人：王猛

业务 40

业务 40#提示：公司办公室预订 2020 年全年报刊，已经办理报销审批手续，财务付转账支票一张。

贵州省邮政业专用发票

发票联

代码：2210553450040534005

2019 年 12 月 10 日

用户名称	安顺市黄果树新创有限责任公司			
业务总类	数量		其它费用	金额（元）
报刊费	12 个月		0	4800.00
合计金额	人民币（大写）肆仟捌佰元整			4800.00

（印章：安顺市邮政局黄果树营业部 52098778789）

中国工商银行 转账支票存根 No.33889991 附加信息 出票日期 2019 年 12 月 13 日 收款人：中国邮政储蓄安顺分行 金额：4800.00 用途：预付报刊费 单位主管　会计 赵红艳	**中国工商银行 转账支票 （黔）** No. 33889991 出票日期（大写）贰零壹玖年壹拾贰月壹拾叁日　付款行名称：工行贵州安顺黄果树支行 收款人：中国邮政储蓄安顺分行　出票人账号：2404030500583803366 本支票付款期限十天 人民币（大写）肆仟捌佰元整　百 十 万 千 百 十 元 角 分：¥ 4 8 0 0 0 0 用途 预付报刊费　密码 上列款项请从我账户内支付 出票人签章（印章：安顺市黄果树新创有限责任公司 财务专用章；王天印）　复核　记账

作业：请同学在空白支票使用登记簿上填写本次签发支票的相关内容

支票使用登记簿

年		支票号码	收款人	支票金额	用途	到期日	领票人签字	备注
月	日							
-	-	-	-	-	-	-	-	-

业务 41

业务 41#提示：出纳员陈婷购支票 2 本，银行内部划转。

中国工商银行 （收费凭证）

第　　号

2019 年 12 月 10 日　　　　凭证编号：7591308

户　名	安顺市黄果树新创有限责任公司		账　号	2404030500583803366								第一联回单
开户银行	工商银行安顺黄果树支行	凭证（结算）种类	单　价	数量	金　额							
收费种类	工本费				万	千	百	十	元	角	分	
1、客户购买凭证时在“收费种类”填写工本费，在“结算种类”栏填写所购买凭证种类。 2、客户在办理结算业务时，在“收费种类”栏分别填写手续费或邮电费，在“结算种类”栏填写办理的结算方式。		转账支票	20.00	2				4	0	0	0	
		合计	人民币 肆拾元整（大写）				¥	4	0	0	0	

复核　　　　　　　　记账

2019.12.31 核算专用章

业务 42

业务 42#提示：办公室清理出售废旧报纸一批，收到现金 50 元，交给财务。

收款收据

2019 年 12 月 10 日

今收到：个体户王兴	
人民币（大写）伍拾元整	（小写）¥50.00
事由：出售办公室废旧报纸	
收款单位财务章	现金收讫
收款人：陈婷	交款人：王兴

安顺市黄果树新创有限责任公司 财务专用章

业务 43

业务 43#提示：经公司办公室通知各职能部门到低值易耗品仓库领用新文件柜，采用五五摊销法将该笔摊销费用摊入相关费用科目，低值易耗品——文件柜的三级明细科目期初，请查看表 3-1。

领　料　单

1（领料部门留存）

领料部门：财务部　　　　2019 年 12 月 10 日　　　　凭证编号：

<table>
<tr><td rowspan="2">编号</td><td rowspan="2">材料名称</td><td rowspan="2">规格</td><td rowspan="2">计量单位</td><td colspan="2">数　量</td><td rowspan="2">单位成本</td><td rowspan="2">金额</td><td rowspan="2" colspan="2">备注</td></tr>
<tr><td>请领</td><td>实发</td></tr>
<tr><td></td><td>文件柜</td><td></td><td>个</td><td>2</td><td>2</td><td>638.00</td><td>1276.00</td><td colspan="2">加厚钢制</td></tr>
<tr><td rowspan="3">用 途</td><td rowspan="3" colspan="4">装会计资料</td><td colspan="2">领料部门</td><td colspan="3">发料部门</td></tr>
<tr><td>负责人</td><td>领料人</td><td>核准人</td><td colspan="2">发料人</td></tr>
<tr><td>赵红艳</td><td>陈婷</td><td>苏泽</td><td colspan="2">王海强</td></tr>
</table>

领　料　单

领料部门：办公室　　　　2019 年 12 月 10 日　　　　凭证编号：

<table>
<tr><td rowspan="2">编号</td><td rowspan="2">材料名称</td><td rowspan="2">规格</td><td rowspan="2">计量单位</td><td colspan="2">数　量</td><td rowspan="2">单位成本</td><td rowspan="2">金额</td><td rowspan="2" colspan="2">备注</td></tr>
<tr><td>请领</td><td>实发</td></tr>
<tr><td></td><td>文件柜</td><td></td><td>个</td><td>2</td><td>2</td><td>638.00</td><td>1276.00</td><td colspan="2">加厚钢制</td></tr>
<tr><td rowspan="3">用 途</td><td rowspan="3" colspan="4">装档案资料</td><td colspan="2">领料部门</td><td colspan="3">发料部门</td></tr>
<tr><td>负责人</td><td>领料人</td><td>核准人</td><td colspan="2">发料人</td></tr>
<tr><td>苏泽</td><td>陈婷</td><td>苏泽</td><td colspan="2">王海强</td></tr>
</table>

领　料　单

1（领料部门留存）

领料部门：生产车间　　　　2019 年 12 月 10 日　　　　凭证编号：

<table>
<tr><td rowspan="2">编号</td><td rowspan="2">材料名称</td><td rowspan="2">规格</td><td rowspan="2">计量单位</td><td colspan="2">数　量</td><td rowspan="2">单位成本</td><td rowspan="2">金额</td><td rowspan="2" colspan="2">备注</td></tr>
<tr><td>请领</td><td>实发</td></tr>
<tr><td></td><td>文件柜</td><td></td><td>个</td><td>1</td><td>1</td><td>638.00</td><td>638.00</td><td colspan="2">加厚钢制</td></tr>
<tr><td rowspan="3">用 途</td><td rowspan="3" colspan="4">装产品资料</td><td colspan="2">领料部门</td><td colspan="3">发料部门</td></tr>
<tr><td>负责人</td><td>领料人</td><td>核准人</td><td colspan="2">发料人</td></tr>
<tr><td>林小海</td><td>张宏</td><td>苏泽</td><td colspan="2">王海强</td></tr>
</table>

领 料 单

1（领料部门留存）

领料部门：销售部门　　　　2019 年 12 月 10 日　　　　凭证编号：

编号	材料名称	规格	计量单位	数量		单位成本	金额	备注
				请领	实发			
	文件柜		个	1	1	638.00	638.00	加厚钢制
用 途	装产品销售资料			领料部门			发料部门	
				负责人	领料人		核准人	发料人
				黄伟	刘成明		苏泽	王海强

思考题：使用这种领料单方式，相关经办人与审批人要在每张单据上签字，特别是办公室主任苏泽要在每张领料单上签字，苏泽问财务经理赵红艳，有没有其他样式的领料单，他仅签一次就可以了，如果你是财务主管赵红艳请为仓库设计一款可以在一个月内多次使用的领料登记表，将领料上的相关内容合并在这一张表上并且保证不违反公司存货管理制度的前提下，简化相关财务手续。

业务 44

业务 44#提示：因公司资金紧张，总经理要求财务部将几天前收到的大同机械厂交来 3 个月期限的银行承兑汇票到银行贴现，当前贴现利率 5.6%/年，汇票信息参见业务 17#凭证

贴 现 凭 证 （收 账 通 知） 4

2019 年 12 月 10 日　　　　凭证编号:0129021

<table>
<tr><td rowspan="3">申请人</td><td>全　称</td><td>安顺市黄果树新创有限责任公司</td><td rowspan="3">贴现汇票</td><td>种　类</td><td>银行承兑汇票</td><td>号 码</td><td>0120818</td></tr>
<tr><td>账　号</td><td>2404030500583803366</td><td>出票日</td><td colspan="3">2019 年 12 月 05 日</td></tr>
<tr><td>开户银行</td><td>工商银行安顺黄果树支行</td><td>到期日</td><td colspan="3">2016 月 03 月 05 日</td></tr>
<tr><td colspan="2">汇票承兑人</td><td>名称：安顺大同机械厂</td><td colspan="2">账号：2404030500583852963</td><td>开户银行</td><td colspan="2">工商银行安顺中华北路支行</td></tr>
<tr><td colspan="2">汇票金额</td><td colspan="3">人民币（大写）伍万陆仟陆佰陆拾元整</td><td colspan="3">千 百 十 万 千 百 十 元 角 分
¥ 5 6 6 6 0 0 0</td></tr>
<tr><td>贴现率</td><td>5.6%</td><td>贴现利息</td><td>¥757.98</td><td>实付贴现金额</td><td colspan="3">¥55902.02</td></tr>
<tr><td colspan="4">上述款项已入你单位账户。
中国工商银行股份有限公司安顺黄果树支行
2019.12.31
核算专用章
银行盖章
2019 年 12 月 10 日</td><td colspan="4"></td></tr>
</table>

业务 45

业务提示：经理办公室将一台公司自用的旧空调低价转让给向安顺市一众电子公司，收到 2340 元现金交给财务室，开出增值税专用发票交给一众电子公司。

贵州增值税专用发票　　No. 07161215

开票日期：2019 年 12 月 11 日

购买方	名称：安顺市一众电子公司 纳税人识别号： 520470590061402 地址、电话：安顺市普定县西安路 56 号 0851-28288211 开户银行及账号：工商银行安顺普定支行 2404321400123162340				密码区	/-27/*6+78<9-12/81>325>125941/ *>36970//82179*<25873//1 5552>456/5+58-25-3<-28>78 8524>+12/4578/-457921/*185	
货物或应税劳务、服务名称	规格型号	单位	数量	单价	金额	税率	税额
格力空调	KFR-72LW	台	1	2070.80	2070.80	13%	269.20
合　　计					¥2070.80		¥269.20
价税合计（大写）	⊗贰仟叁佰肆拾元整				（小写）¥2340.00		
销售方	名　　称：安顺市黄果树新创有限责任公司 纳税人识别号：520402056030111 地 址、电 话：安顺市黄果树城南路 188 号 0851-33765666 开户行及账号：工商银行安顺黄果树支行 2404030500583803366				备注	安顺市黄果树新创有限责任公司 520402056030111 发票专用章	

收款人： 陈婷　　复核：　　开票人：张小丽　　销售方：（章）

第三联：记账联 销货方记账凭证

出售固定资产净损益计算表

2019 年 12 月 11 日　　单位：元

处置价款	
减：固定资产账面价值	
清理费用	
相关税费	
处置净损益	

制单：陈婷　　审核：赵红艳

收款收据

2019年12月11日

今收到：安顺市一众电子公司	
人民币（大写）贰仟叁佰肆拾元整　　现金收讫	（小写）¥2340.00
事由：购买旧空调	
收款单位财务章　　安顺市黄果树新创有限责任公司 财务专用章 收款人 陈婷	交款人：雷阳军

固定资产入账（出账）通知单

使用单位：　安顺市黄果树新创有限责任公司　　2019年12月11日　　编号：

类别	资产编号	固定资产名称	规格型号	建造单位			数量
				名称	日期	编号	
电子设备	0066	格力空调	KFR-72LW	珠海格力电器有限公司	2018.11.23	3122	1台
原值	折旧额		使用年限	预计净残值	累计折旧	账面净值	所在地
	应提折旧额	月折旧额					
6300.00	6300.00	175.00	3	0.00	2275.00	4025.00	

负责人审批：　　财　务：　　保　管：

业务46

业务46#提示：采用分期收款销售甲产品给安顺普定县煤厂，合同规定发出产品时，收取价税合计款的70%，收到转账支票一张面额54，054.00元，客户承诺剩余货款将在2020年3月份全部还清，货已出库，开增值税专用发票。

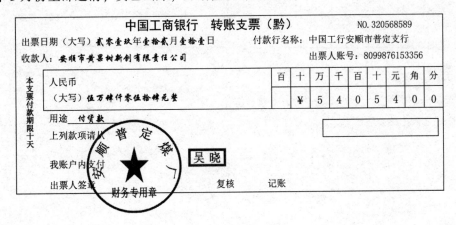

中国工商银行　转账支票（黔）　　NO.320568589

出票日期（大写）贰零壹玖年壹拾贰月壹拾壹日　　付款行名称：中国工行安顺市普定支行

收款人：安顺市黄果树新创有限责任公司　　出票人账号：8099876153356

本支票付款期限十天

人民币（大写）伍万肆仟零伍拾肆元整	百	十	万	千	百	十	元	角	分
		¥	5	4	0	5	4	0	0

用途　付货款

上列款项请从

我账户内支付　　安顺普定煤厂 财务专用章　　吴晓

出票人签章　　复核　　记账

ICBC 中国工商银行 进账单（回 单）2

2019 年 12 月 11 日

出票人	全 称	安顺市普定县煤厂	收款人	全 称	安顺市黄果树新创有限责任公司
	账 号	2404080998483356		账 号	24040305005838033366
	开户银行	工商银行安顺普定县支行		开户银行	工商银行安顺黄果树支行

金额	亿	千	百	十	万	千	百	十	元	角	分
人民币（大写）伍万肆仟零伍拾肆元整				¥	5	4	0	5	4	0	0

票据种类	转支	票据张数	1
票据号码	NO. 320568589		
复核 记账			

中国工商银行股份有限公司安顺黄果树支行 2019. 12. 31 开户银行签章 核算专用章

此联是开户银行交给持（出）票人的回单

ICBC 中国工商银行 进账单（收账通知）3

2019 年 12 月 11 日

出票人	全 称	安顺市普定县煤厂	收款人	全 称	安顺市黄果树新创有限责任公司
	账 号	2404080998483356		账 号	24040305005838033366
	开户银行	工商银行安顺普定县支行		开户银行	工商银行安顺黄果树支行

金额	亿	千	百	十	万	千	百	十	元	角	分
人民币（大写）伍万肆仟零伍拾肆元整				¥	5	4	0	5	4	0	0

票据种类	转支	票据张数	1
票据号码	NO. 320568589		
复核 记账			

中国工商银行股份有限公司安顺黄果树支行 2019. 12. 31 开户银行签章 核算专用章

此联是收款人开户银行交给收款人的收账通知

贵州增值税专用发票

No. 08905886

开票日期：2019 年 12 月 11 日

购买方	名称：安顺市普定县煤厂 纳税人识别号：520421042220056 地址、电话：安顺普定红旗路 0851-88937164 开户银行及账号：工商银行安顺普定支行 2404080998483356	密码区	/-27/*6+78<9-12/81>325>1 2>456/5+58-25-3<-28>7891 4>+12/4578/-457921/*1*>1 -4578<+*<258741/*>3697>/

货物或应税劳务、服务名称	规格	单位	数量	单价	金额	税率	税额
甲产品		件	6	11389.38	68336.28	13%	8883.72
合计					¥68336.28		¥8883.72
价税合计（大写）	⊗柒万柒仟贰佰贰拾元整				（小写）¥ 77,220.00		

销售方	名称：安顺市黄果树新创有限责任公司 纳税人识别号：520402056030111 地址、电话：黄果树城南路 188 号 0851-33765666 开户行及账号：安顺工商银行黄果树支行 2404030500583803366	备注	安顺市黄果树新创有限责任公司 520402056030111 发票专用章

收款人：陈婷　　复核：　　开票人：张小丽　　销售方：（章）

第三联：记账联 销货方记账凭证

产品出库单

销售渠道：分期收款销售　　2019 年 12 月 11 日

产品名称	规格型号	计量单位	数量	单位成本	成本金额
甲产品		件	6		
提货单位	安顺市普定县煤厂			经办人	杨晓明

主管：黄伟　　记账：　　保管员：王海强

业务 47

业务 47#提示，向安顺市大功工厂销售乙产品 6 件，开出增值税专票，货已发出，收银行转支票一张，出纳已交存银行。

中国工商银行　转账支票（黔）　　NO. 68589365

出票日期（大写）贰零壹玖年壹拾贰月壹拾壹日　　付款行名称：工商银行安顺幺铺镇支行

收款人：安顺市黄果树新创有限责任公司　　出票人账号：240487020501335202

本支票付款期限十天

人民币（大写）贰万贰仟肆佰陆拾肆元整	百	十	万	千	百	十	元	角	分
		¥	2	2	4	6	4	0	0

用途：付货款

上列款项请从

我账户内支付

出票人签章　（安顺市大功工厂 财务专用章）　（吴大功）　复核　记账

ICBC　中国工商银行　进账单（回　单）2

2019 年 12 月 11 日

出票人	全　称	安顺市大功工厂	收款人	全　称	安顺市黄果树新创有限责任公司
	账　号	240487020501335202		账　号	24040305005838O3366
	开户银行	中工商银行安顺幺铺支行		开户银行	工商银行安顺黄果树支行

金额	亿	千	百	十	万	千	百	十	元	角	分
人民币（大写）贰万贰仟肆佰陆拾肆元				¥	2	2	4	6	4	0	0

票据种类	转支	票据张数	1
票据号码	NO. 68589365		

复核　记账

（中国工商银行股份有限公司安顺黄果树支行 2019.12.11 核算专用章）开户银行签章

此联是开户银行交给持（出）票人的回单

ICBC　中国工商银行　　进账单（收账通知）3

2019 年 12 月 11 日

出票人	全　称	安顺市大功工厂	收款人	全　称	安顺市黄果树新创有限责任公司
	账　号	240487020501335202		账　号	240403050058380 3366
	开户银行	中工商银行安顺幺铺支行		开户银行	工商银行安顺黄果树支行

金额	人民币（大写）贰万贰仟肆佰陆拾肆元整	亿	千	百	十	万	千	百	十	元	角	分
					¥	2	2	4	6	4	0	0

票据种类	转支	票据张数	1
票据号码	NO. 68589365		
复核　记账			

中国工商银行股份有限公司安顺黄果树支行 2019.12.31 开启银行签章 核算专用章

此联是收款人开户银行交给收款人的收账通知

产品出库单

销售渠道：直接销售　　2019 年 12 月 11 日

产品名称	规格型号	计量单位	数量	单位成本	成本金额
乙产品		件	6		
提货单位	安顺市大功工厂		经办人	胡维	

主管：　　记账：　　保管员：王海强

贵州增值税专用发票

No. 08905886

开票日期：2019 年 12 月 11 日

购买方	名称：安顺市大功工厂 纳税人识别号：520402035674958 地址、电话：安顺市开发区幺铺镇 0851-33367164 开户银行及账号：工商银行安顺幺铺镇支行 240487020501335202				密码区	/-27/*6+78<9-12/81>325>1 2>456/5+58-25-3<-28>7891 4>+12/4578/-457921/*1*>1 -4578<+*<258741/*>3697>/	
货物或应税劳务、服务名称	规格型号	单位	数量	单价	金额	税率	税额
乙产品		件	6	3313.27	19879.65	13%	2584.35
合计					¥19879.65		¥2584.35
价税合计（大写）	⊗贰万贰仟肆佰陆拾肆元整					（小写）¥ 22464.00	
销售方	名称：安顺市黄果树新创有限责任公司 纳税人识别号：520402056030111 地址、电话：黄果树城南路 188 号 0851-33765666 开户行及账号：工商银行安顺黄果树支行 2404030500583803366				备注	安顺市黄果树新创有限责任公司 520402056030111 发票专用章	

收款人：陈婷　复核：　开票人：张小丽　销售方：（章）

第三联：记账联　销货方记账凭证

业务 48

业务 48#提示：缴纳本月职工住房公积金，用转账支票结算。

贵州省行政事业单位资金往来结算收据

No 025694130

黔财　日期：2019 年 12 月 11 日　支票号：030904564

今收到 安顺市黄果树新创有限责任公司

交　来 2019 年 12 月份公积金（单位部分及个人部分）　货币种类型 人民币

(大写) 肆万叁仟伍佰伍拾捌元陆角　（小写）¥43558.60

备注：单位部分：¥21779.30，　个人部分：¥21779.30

安顺市公积金管理中心征缴专用章

说明：国家机关、事业单位、社会团体、经法律法规授权的具有管理公共事务职能的其它组织机构发生暂收、代收和单位内部资金往来结算等经济活动时使用。

收款单位（公章）　审核　收款人（签章）杨会君

第一联　存根

中国工商银行

转账支票存根

NO. 30905223

附加信息

出票日期 2019 年 12 月 11 日

收款人：	安顺市公积金管理中心
金　额：	43558.60
用　途：	住房公积金

单位主管　　　　会计 赵红艳

业务 49

业务 49#提示：缴纳本月份社会保险费（基本养老保险、基本医疗保险、失业保险、工伤保险、生育保险）

贵州省社会保险基金专用收据（机制四联）

收款日期：2019 年 12 月 11 日　　　　NO.001428572

缴纳单位	安顺市黄果树新创有限责任公司	收款金额			第一联 收据
		单位缴纳	个人缴纳	小 计	
基金名称	基本养老保险基金	36298.84	14519.54	50818.38	
	失业保险基金	3629.88	1814.95	5444.83	
	医疗保险基金	14519.54	3629.88	18149.42	
	工伤保险基金	907.46	0.00	909.46	
	生育保险基金	907.46	0.00	909.46	
	小　计	56263.18	19964.37	76227.55	
备　注					
合计（大写）柒万陆仟贰佰贰拾柒元伍角伍分			（小写）¥76227.55		

安顺经济技术开发区社会保险事业局征缴专用章

收款单位（章）：　　　　收款人（章）：　　交款人（章）：　　开票：李伟

中国工商银行 转账支票存根 NO. 30905224
附加信息
出票日期 2019 年 12 月 11 日
收款人：安顺开发区社保局
金　额：76227.55
用　途：社会保险费
单位主管　　　　会计 赵红艳

业务 50

业务 50#提示：收到中利股份公司宣告派发现金股利，已存入国泰君安证券股票专户。

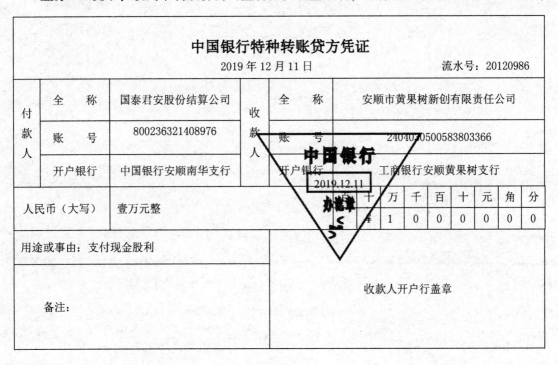

中国银行特种转账贷方凭证

2019 年 12 月 11 日　　　　流水号：20120986

付款人	全　称	国泰君安股份结算公司	收款人	全　称	安顺市黄果树新创有限责任公司
	账　号	800236321408976		账　号	2404030500583803366
	开户银行	中国银行安顺南华支行		开户银行	工商银行安顺黄果树支行

人民币（大写）	壹万元整	百	十	万	千	百	十	元	角	分
			¥	1	0	0	0	0	0	0

用途或事由：支付现金股利	收款人开户行盖章
备注：	

中国银行 2019.12.11 办讫章

业务 51

业务 51#提示：公司销售部组织部分重要客户在丽都酒店，召开明年的销售战略研讨会议，相关审批手续齐全，付转账支票。

贵州增值税专用发票

No. 06445986

发票联　　开票日期：2019 年 12 月 12 日

购买方	名　　称：安顺市黄果树新创有限责任公司 纳税人识别号：520402056030111 地 址、电 话：黄果树城南路 188 号 0851-33765666 开户行及账号：工商银行安顺黄果树支行 2404030500583803366	密码区	/-27/*6+78<9-12/81>325>1247/ 2>456/5+58-25-3<-28>78912321 4>+12/4578/-457921/*1*>12782 -4578<+*<258721/*1*>3697>/85

货物或应税劳务、服务名称	规格型号	单位	数量	单价	金额	税率	税额
会议服务			1	3754.72	3794.72	6%	225.28
合　　计					¥3794.72		¥225.28
价税合计（大写）	⊗叁仟玖佰捌拾元整					（小写）¥3980.00	

销售方	名　　称：安顺丽都商务酒店 纳税人识别号：5204020538121450 地 址、电 话：安顺市西秀区中华东路 102 号 0851-32851122 开户行及账号：工商银行安顺建设路支行 24040305038121450	备注	安顺丽都商务酒店 5204020538121450 发票专用章

收款人：　　复核：　　开票人：黄佳佳　　销售方：（章）

第三联：发票联　购买方记账凭证

中国工商银行
转账支票存根
No. 30905225

附加信息

出票日　　年　　月　　日

收款人：
金　额：
用　途：

单位主管　　会计

中国工商银行　转账支票

No. 30905225

出票日期（大写）　　年　　月　　日　　付款行名称：工商银行安顺黄果树支行

收款人：　　出票人账号：2404030500583803366

本支票付款期限十天

人民币（大写）	百	十	万	千	百	十	元	角	分

用途

上列款项请从

我账户内支付

出票人签章　　安顺市黄果树新创有限责任公司 财务专用章　　王天印　　复核　　记账

作业：学生填制这张面额 3980 元的转账支票

会议经费预算表

申请部门：销售部

会议名称	2020 年销售战略研讨会
会议地点	安顺丽都商务酒店
会议时间	12 月 9 日-12 月 10 日(2 天)
参加对象	董事长、总经理、销售部全体人员、以及贵阳、都匀、关岭等老客户
预计到会人数（人）	13 人
工作人员数（人）	2 人（办公室）
费用标准	场租费：600 元
	伙食费：120 元×10 人×2 天=2400 元
	住宿费：150 元×6 人=900 元
	其　他：200 元
会议总预算（元）	4100 元
需要安排经费	4100 元
经办人签字：　黄伟	时间：2019. 12. 5
财务主管签字：　赵红艳	时间：2019. 12. 5
单位负责人签字：　王天一	时间：2019. 12. 7

业务 52

业务 52#提示：根据教材提供公司会计政策资料，原材料和包装物的单位成本计算方法是采用移动加权平均法，请学生按此规则自行填制“领料单”相关空白栏目。

领　料　单

仓库：原材料仓库　　2019 年 12 月 12 日　　No：20122049

材料编号	材料名称	材料规格	计量单位	数量		单位成本	实际金额
				请领	实发		
1001	生铁		吨	10	10		

材料用途	生产甲产品	领用部门		发料部门	
		负责人	领料人	核准人	发料人

领 料 单

仓库：原材料仓库　　　　2019 年 12 月 12 日　　　　No：20122049

材料编号	材料名称	材料规格	计量单位	数量 请领	数量 实发	单位成本	实际金额
1001	圆钢		吨	8	8		

材料用途	领用部门 负责人	领用部门 领料人	发料部门 核准人	发料部门 发料人
生产乙产品				

业务 53

业务 53#提示：客户龙宕公司订购的 10 件乙产品已经发货，并出增值税专用发票，龙宕公司已结清尾款，参见业务 34

中国工商银行　网上银行电子回单

电子回单号码：0007-5689-5550-8521

付款人		收款人	
户　名	安顺市龙宕商贸公司	户　名	安顺市黄果树新创有限责任公司
账　号	2404030500512867890	账　号	2404030500583803366
开户银行	农业银行安顺市塔山支行	开户银行	工商银行安顺黄果树支行
金　额	人民币（大写）：壹万柒仟肆佰肆拾元整　¥17440.00 元		
摘　要	购产品补尾款	业务（产品）各类	汇划收报
用　途			
交易流水号	9637788	时间戳	2019-12-12
[中国工商银行 电子回单 专用章]	备注： 附言：购生铁货款　支付交易序号：3625 报文种类：CMT100 汇兑支付报文　委托日期：2019-12-12　业务种类：普通汇兑 收款人地址：贵州省安顺市　付款人地址：贵州省安顺市 验证码：Moliffr4ggfsaAHD7HS7?S7G=		

记账网点	0378	记账柜员	00099	记账日期	2019 年 12 月 12 日

打印日期：2019 年 12 月 12 日

贵州增值税专用发票　　No. 08905891

发票联　　开票日期：2019 年 12 月 12 日

购买方	名称：安顺市龙宕商贸公司 纳税人识别号：210422200341178 地址、电话：安顺市风西路 15 号 ，3222164 开户银行及账号：农业银行安顺市塔山支行 2404030500512867890	密码区	/-27/*6+78<9-12/81>325>1247 2>456/5+58-25-3<-28>789123 4>+12/4578/-457921/*1*>1278 -4578<+*<258741/*>3697>/85

货物或应税劳务、服务名称	规格	单位	数量	单价	金额	税率	税额
乙产品		件	10	3313.27	33132.74	13%	4307.26
合　　计					¥33132.74		¥4307.26
价税合计（大写）	⊗叁万柒仟肆佰肆拾元整				（小写）¥ 37440.00		

销售方	名　　称：安顺市黄果树新创有限责任公司 纳税人识别号：520402056030111 地 址、电 话：黄果树城南路 188 号 0851-33765666 开户行及账号：工商银行安顺黄果树支行 2404030500583803366	备注	安顺市黄果树新创有限责任公司 520402056030111 发票专用章

第二联：发票联 销货方记账凭证

收款人：陈婷　　复核：　　开票人：张小丽　　销售方：（章）

产品出库单

销售渠道：**直接销售**　　**2019 年 12 月 12 日**

产品名称	规格型号	计量单位	数量	单位成本（元）	成本金额（元）
乙产品		件	10		
提货单位	安顺市龙宕商贸公司		经办人	李海秋	

主管：　　记账：　　保管员 ： 王海强

作业：请学生自行填写出库单相关空白栏目。

业务 54

业务 54#提示：本次接受的投资是固定资产—机械设备，根据投资协议书增加实收资本 46 万元，另外剩余 4 万按资本溢价处理。

诚信会计师事务所文件

资产评估报告

安顺市黄果树新创有限责任公司：

我单位收贵单位的委托，依据《中华人民共和国国有资产评估办法》、《中华人民共和国注册会计师法》和《企业会计制度》等规定，对贵公司接受中华设备厂投入的机械设备进行评估。专利技术按净值评估确定价值为 500,000 元。

评估员：高阳　　　　志诚会计事务所章

中国注册会计师：　钟诚　　　　2019 年 12 月 03 日

投 资 协 议 书

投出单位：中华设备厂

投入单位：安顺市黄果树新创有限责任公司

中华设备厂机械设备作为资本金投入公司，经评估后双方确定价值为 500,000 元。经批准后，安顺市黄果树新创有限责任公司的注册资本增加到 3460,000 元，占公司增资扩股后的注册资本 13.2948%的份额

安顺市黄果树新创有限责任公司　　　　中华设备厂

2102 年 12 月 11 日

固定资产入账通知单

使用单位：安顺市黄果树新创有限责任公司　　2019 年 12 月 12 日　　编号：

类别	资产编号	固定资产名称	规格型号	建造单位			数量
				名称	日期	编号	
设备	0078	机械设备		遵义机床厂	2019-05	000145	1 台
原值	折旧额		使用年限	预计净残值	累计折旧	净值	所在地
	应提折旧额	月折旧额					
550000.00	540000.00	4500.00	10	10000.00	27000.00	523000.00	
入账原因			接受中华设备厂投资				

贵州增值税普通发票　No. 08909847

发票联

开票日期：2019 年 12 月 12 日

购买方	名　　称：安顺市黄果树新创有限责任公司 纳税人识别号：520402056030111 地 址、电 话：黄果树城南路 188 号 0851-33765666 开户行及账号：工商银行安顺黄果树支行 2404030500583803366				密码区	/-27/*6+78<9-12/81>325>1247 2>456/5+58-25-3<-28>789123 4>+12/4578/-4327921/*1*>127 8-4578<+*<258741/*>367>/85	
货物或应税劳务、服务名称	规格	单位	数量	单价	金额	税率	税额
机械设备		件	1	442477.87	442477.87	13%	57522.13
合　　计					¥442477.87		¥57522.13
价税合计（大写）	⊗伍拾万元整				（小写）¥ 500000.00		
销售方	名　　称：中华设备厂 纳税人识别号：520402056033412 地 址、电 话：安顺西秀区图书南路号 0851-33734668 开户行及账号：工商银行安顺黄果树支行 2404030500583804580				备注	中华设备厂	

第二联：发票联　销货方记账凭证

收款人：　　复核：　　开票人：　　销售方：（章）

业务 55

业务 55#提示：12 月 13 日，销售部业务员通知财务部，本月初赊销给客户-都匀宏宇公司的货款 8 万已经催收回来，请财务查收，出纳刚接到银行回单，会计做账务处理结清本月 3 日向都匀宏宇公司销售甲产品应收账款。见本月 8#业务凭证。

中国工商银行 网上银行电子回单

电子回单号码：0007-5699-2550-8970

付款人	户 名	黔南自治州都匀市宏宇公司	收款人	户 名	安顺市黄果树新创有限责任公司
	账 号	2405032511078952355		账 号	2404030500583803366
	开户银行	工商银行都匀桥头堡支行		开户银行	工商银行安顺黄果树支行
金 额		人民币（大写）：捌万零贰拾元整 ¥80020.00 元			
摘 要		货款	业务（产品）各类		汇划收报
用 途					
交易流水号		963123	时间戳		2019-12-13
中国工商银行 电子回单 专用章		备注： 附言：购产品货款 支付交易序号：4888 报文种类：CMT100 汇兑支付报文 委托日期：2019-12-13 业务种类：普通汇兑 收款人地址：贵州省安顺市 付款人地址：贵州省黔南自治州			
		验证码：Moliffr4ggfsaAHD7HS7?S7G=			

记账网点	0660	记账柜员	00785	记账日期	2019 年 12 月 13 日

打印日期：2019 年 12 月 13 日

业务 56

业务 56#提示：近期焦炭价格上涨，公司商业伙伴五洲工厂急需焦炭，经公司经理办公会同意将公司库存原材料—焦炭有偿转让给该公司 20 吨，开增值税专用发票，并以垫支现金 500 元付运费，收到五洲工厂全额网上银行汇款。

贵州增值税专用发票

No. 08905883

贵州 国家税务总局监制

开票日期：2019 年 12 月 13 日

购买方	名称：五洲工厂 纳税人识别号：210455566789 地址、电话：平坝县普华路，36777889 开户银行及账号：农业银行平坝县普华支行 3458—3345				密码区	8818>788<-1628-->5325>1247 5>578/5+53-25-3<-28>3456 1>+12/4578/-432221/*1*>12 -34576<+*<6433/*>3537>/64	
货物或应税劳务、服务名称	规格	单位	数量	单价	金 额	税率	税 额
焦炭		吨	20	1035.40	20707.96	13%	2692.04
合 计					¥20707.96		¥2692.04
价税合计（大写）	⊗贰万叁仟肆佰元整					（小写）¥23400.00	
销售方	名 称：安顺市黄果树新创有限责任公司 纳税人识别号：520402056030111 地 址、电 话：安顺市黄果树城南路 188 号 0851-33765666 开户行及账号：工商银行安顺黄果树支行 2404030500583803366				备注	安顺市黄果树新创有限责任公司 520402056030111 发票专用章	

第三联：记账联 销售方记账凭证

收款人：陈婷 复核： 开票人：张小丽 销售方：（章）

备注：此垫付的运输发票原件转交给五洲工厂，复印件留存备查。

贵州增值税普通发票

No. 08907582

复印件　　　　发票联　　　　开票日期：2019 年 12 月 13 日

购买方	名称：五洲工厂 纳税人识别号：204021045556678 地址、电话：普定县光明路 0851-36777889 开户银行及账号：农业银行普定支行 58456925869955				密码区	8818>788<-1628-->5325>1247 5>578/5+53-25-3<-28>345688 1>+12/4578/-432221/*1*>124 -34576<+*<6433/*>3537>/643	
货物或应税劳务、服务名称	规格	单位	数量	单价	金额	税率	税额
交通运输服务			1	458.72	458.72	9%	41.28
合计					¥458.72		¥41.28
价税合计（大写）	⊗伍佰元整				（小写）¥500.00		
销售方	名称：安顺汽车运输公司 纳税人识别号：520402078090147 地址、电话：安顺西秀区黄果树大道 178 号 0851-37656898 开户行及账号：工商银行安顺南街支行 204002069012100881				备注	安顺汽车运输公司 520402078090147 发票专用章	

第二联：发票联　购货方记账凭证

收款人：李青　　复核：　　开票人：张明　　销售方：（章）

产品出库单

1 存根联

制表日期　2019 年 12 月 13 日

产品名称	焦炭			型号		
单位	吨	数量	20	单价		出库金额
提货单位	五洲工厂			经办人	张宇	

主管　　记账　　保管员　王海强

中国工商银行　网上银行电子回单

电子回单号码：0007-5699-2630-6521

付款人	户　名	五洲工厂	收款人	户　名	安顺市黄果树新创有限责任公司
	账　号	2040584525869955		账　号	2404030500583803366
	开户银行	农业银行普定支行		开户银行	工商银行安顺黄果树支行
金　额		人民币（大写）：贰万叁仟玖佰元整			¥23900.00 元
摘　要		货款	业务（产品）各类		汇划收报
用　途		购焦炭			
交易流水号		962552	时间戳		2019-12-13
中国工商银行 电子回单专用章		备注： 附言：购产品货款　　支付交易序号：47889 报文种类：CMT100 汇兑支付报文　委托日期：2019-12-13　业务种类：普通汇兑 收款人地址：贵州省安顺市　　付款人地址： 验证码：Moliffr4ggfsaAHD7HS7?S7G=			
记账网点	0620	记账柜员	00258	记账日期	2019 年 12 月 13 日

打印日期：2019 年 12 月 13 日

业务 57

业务 57#提示：本月 5 日赊销给关岭宏发贸易公司的货款，发票已开，按约定 10 天之内回款，享受现金折扣，现在客户已经提前付款，相关财务数据参见教材 20#业务。

中国工商银行　网上银行电子回单

电子回单号码：0007-5689-2870-1584

付款人	户　名	关岭宏发贸易公司	收款人	户　名	安顺市黄果树新创有限责任公司
	账　号	30268357159		账　号	2404030500583803366
	开户银行	工商银行关岭北山支行		开户银行	工商银行安顺黄果树支行
金　额		人民币（大写）：壹拾伍万玖仟叁佰零叁元柒角贰分			¥159303.72 元
摘　要		货款	业务（产品）各类		汇划收报
用　途					
交易流水号		8547793	时间戳		2019-12-13
中国工商银行 电子回单专用章		备注： 附言：12 月 5 日购货款　　支付交易序号：4582 报文种类：CMT100 汇兑支付报文　委托日期：2019-12-13　业务种类：普通汇兑 收款人地址：贵州省安顺市　　付款人地址：贵州省安顺市 验证码：Moliffr4ggfsaAHD7HS7?S7G=			
记账网点	0309	记账柜员	00582	记账日期	2019 年 12 月 13 日

现金折扣计算表

2012 年 12 月 13 日　　　　单位：元

购买单位	关岭宏发贸易公司		现金折扣条件	（2/10, 1/20, n/30）		
商品名称	销售时间	收款时间	销售金额	折扣率	现金折扣	财务费用
甲产品			91115.01			
乙产品			49699.12			
合计			140814.16	2%	2818.28	

会计主管：　　　　　　会计：

作业：学生自行填写现金折扣计算表空白栏目。

业务 58

业务 58#提示：本月 11 日销售给客户安顺市大功工厂乙产品 6 件，现在客户反馈有一件产品有质量问题，要求将这件问题产品退货退款，参见业务 47#

贵州增值税专用发票

No. 08905892

开票日期：2019 年 12 月 14 日

购买方	名称：安顺市大功工厂 纳税人识别号：520402035674958 地址、电话：安顺市开发区幺铺镇 0851-33367164 开户银行及账号：工商银行安顺幺铺镇支行 240487020501335202	密码区	/-27/*6+78<9-12/81>325>12 2>456/5+58-25-3<-28>78912 4>+12/4578/-457921/*1*>12 -4578<+*<258741/*>3697>/8

货物或应税劳务、服务名称	规格	单位	数量	单价	金额	税率	税额
乙产品		件	-1	3,313.27	-3,313.27	13%	-430.73
合　计					¥-3,313.27		¥-430.73
价税合计（大写）	⊗叁仟柒佰肆拾肆元整（负数）					（小写）¥ -3,744.00	

销售方	名　　称：安顺市黄果树新创有限责任公司 纳税人识别号：520402056030111 地 址、电 话：安顺市黄果树城南路 188 号 0851-33765666 开户行及账号：工商银行安顺黄果树支行 2404030500583803366	备注	安顺市黄果树新创有限责任公司 520402056030111 发票专用章

第三联：记账联　销货方记账凭证

收款人：陈婷　　复核：　　开票人：张小丽　　销售方：（章）

开具红字增值税专用发票申请单

填开日期： 2019 年 12 月 14 日　　　　　　　　　　　　NO.

销售方	名　称	安顺市黄果树新创有限责任公司	购买方	名　称	安顺市大功工厂
	税务登记代码	520402056030111		税务登记代码	520402035674958

开具红字专用发票内容	货物（劳务）名称	数量	单价	金额	税率	税额
	乙产品	1	3313.27	3313.27	13%	430.73
	合计			¥3313.27		¥430.73

说明

一、购买方申请 □

对应蓝字专用发票抵扣增值税销项税额情况：

1.已抵扣□

2.未抵扣☑

（1）无法认证□

（2）纳税人识别号认证不符□

（3）增值税专用发票代码、号码认证不符□

（4）所购货物不属于增值税扣税项目范围□

对应蓝字专用发票密码区内打印的代码：__________

号码：__________

二、销售方申请 □

（1）因开票有误购买方拒收的□

（2）因开票有误等原因尚未交付的□

对应蓝字专用发票密码区内打印的代码：__________

号码：__________

开具红字专用发票理由：产品出现质量问题，购买方要求退货。

申明：

我单位提供的《申请单》内容真实，否则将承担相关法律责任。

申请方经办人：　　　联系电话：　　　　申请方名称（财务印章）：__________

安顺市黄果树新创有限责任公司 财务专用章

注：本申请单一式两联：第一联，申请方留存；第二联，申请方所属主管税务机关留存。

开具红字增值税专用发票通知单

填开日期：2019　年 12　月 14　日　　　　　　　　　　　　　　　　NO. 0078245

<table>
<tr><td rowspan="2">销售方</td><td>名　称</td><td>安顺市黄果树新创有限责任公司</td><td rowspan="2">购买方</td><td>名　称</td><td colspan="2">安顺市大功工厂</td></tr>
<tr><td>税务登记代码</td><td>520402056030111</td><td>税务登记代码</td><td colspan="2">520402035674958</td></tr>
<tr><td rowspan="2">开具红字发票内容</td><td>货物（劳务）名称</td><td>单价</td><td>数量</td><td colspan="2">金额</td><td>税额</td></tr>
<tr><td>合计</td><td>3313.27</td><td>1</td><td colspan="2">3313.27</td><td>430.73</td></tr>
<tr><td></td><td colspan="6"></td></tr>
<tr><td>说明</td><td colspan="6">需要作进项税额转出□
不需要作进项税额转出□
纳税人识别号认证不符□
专用发票代码、号码认证不符□
对应蓝字专用发票密码区内打印的代码：__________
号码：________

开具红字专用发票理由：
产品出现质量问题，购买方要求退货</td></tr>
<tr><td colspan="7">经办人：　　　　负责人：　　　　主管税务机关名称（印章）：　安顺市国家税务局

注：1. 本通知单一式三联：第一联，购买方主管税务机关留存；第二联，购买方送交销售方留存；第三联，购买方留存。
2. 通知单应与申请单一一对应。
3. 销售方应在开具红字专用发票后到主管税务机关进行核销。</td></tr>
</table>

退货审批单

编报部门：　销售部　　　　2019 年 12 月 14 日　　　　单位：元

商品名称	销售时间	退货数量	价税合计	增值税额	退货原因
乙产品	2019-12-11	1件	3744.00	430.73	产品出现质量问题，购买方要求退货

单位负责人：　王天一　　　　财务主管：赵红艳

产品入库单

仓库：不合格品仓库　　　　2019 年 12 月 14 日　　　　单位：元

产品名称	规格	单位	数量	单位成本	总成本
乙产品		件	1	3313.27	3313.27
合计			1		3313.27
仓库负责人	×××	保管员	王海强	制单	×××

中国工商银行
转账支票存根
No. 30905226

附加信息

出票日期 2019 年 12 月 14 日

收款人：	安顺市大功工厂
金　额：	3744.00
用　途：	退货款

单位主管　　　　会计 赵红艳

业务 59

业务 59#提示：各生产车间与职能部门本月在仓库领用辅助材料，财务以此汇总表进行账务处理。

辅助材料领用汇总表

编制单位：安顺市黄果树新创有限责任公司　　2019 年 12 月 14 日　　单位：元

产品或部门	原煤			焦碳			油漆			润滑油			合计
	数量（吨）	单价	金额	数量（吨）	单价	金额	数量（桶）	单价	金额	数量（桶）	单价	金额	
甲产品	20	400.00	8000.00	6	750.00	4 500.00	10	50.00	500.00			-	13000.00
乙产品	10	400.00	4000.00	5	750.00	3 750.00	8	50.00	400.00			-	8150.00
生产车间	1	400.00	400.00			-	2	50.00	100.00	5	310.00	1550.00	2050.00
机修车间	1	400.00	400.00	0.5	750.00	375.00	15	50.00	750.00	4	310.00	1240.00	2765.00
销售机构			-	0.5	750.00	375.00	2	50.00	100.00	1	310.00	310.00	785.00
厂部管理部门	1	400.00	400.00				5	50.00	250.00	2	310.00	620.00	1270.00
合计	33		13200.00	12		9000.00	42		2,100.00	12		3720.00	28020.00

财务审核：　　　　制表人：

业务 60

业务 60#提示：上月收到安顺自来水公司的缴费通知单和发票，未付款，会计依据缴费通知单和自来水公司增值税专用发票相关数据内容，将水费已分摊计入 11 月份的成本和期间费用，水费发票的进项税已经在 11 月份抵扣，本月用转账支票支付这笔水费。应付账款--自来水公司水费的期初数据在表 3-1 中查询。

贵州增值税专用发票　　No. 08589120

发票联

复印件　　开票日期：2019 年 11 月 14 日

购买方	名　　称：安顺市黄果树新创有限责任公司 纳税人识别号：520402056030111 地 址、电 话：安顺市黄果树城南路 188 号 0851-33765666 开户行及账号：工商银行安顺黄果树支行 2404030500583803366	密码区	/-54/*3+75<8-13/43>578>3469 4>4322/32+65-433<-28>33227 4>+12/3215/-432217/*1*>1278 -6432<+*<754322*>4533>/65

货物或应税劳务、服务名称	规格型号	单位	数量	单价	金 额	税率	税 额
水费		吨	4336	4.10	17776.70	9%	1599.90
合　　计					¥17776.70		¥1599.90
价税合计（大写）	⊗壹万玖仟叁佰柒拾陆元陆角正				（小写）¥19376.60		

销售方	名称：安顺市自来水有限公司 纳税人识别号：371001234560081 地址、电话：安顺市黔中大厦 68 号 0851-33600018 开户银行及账号：农业银行安顺黔中支行 1302234562180045678	备注	安顺市自来水有限公司 371001234560081 发票专用章

收款人：　　复核：　　开票人：刘军　　销售方：（章）

第三联：发票联 购买方记账凭证

说明：在此出现的是发票复印件，仅用于申请办理水费付款审批手续，本月用转账支票支付。

作业：请同学们在空白请款单上填写相关内容

付款申请单

年　　月　　日

申请部门：　　　　　　　　　　　　　　　　　　　　申请人：

请款事由及用途：付上月水费 人民币（大写）＿＿＿＿＿＿＿＿小写¥＿＿＿＿			
● 备注：			
公司负责人：	部门经理	财务经理：	出纳：

中国工商银行

转账支票存根

No. 30905227

附加信息

出票日期 2019 年 12 月 14 日

收款人：	安顺市自来水有限公司
金　额：	19376.60
用　途：	支付 11 月份水费

单位主管　　　　会计赵红艳

业务 61

业务 61#提示：上月已收到安顺南郊电力公司的缴费通知单及增值税专用发票，未付款，会计依据通知单及发票相关数据，电费已分摊计入 11 月份的成本和期间费用，本月用转账支票支付 11995. 20 元，电费增值税专用发票的进项税已经在 11 月份认证并抵扣。应付账款—-南郊电力公司的期初数据在表 3-1 中查询。

贵州增值税专用发票　　No. 08905213

复印件　　发票联　　开票日期：2019 年 11 月 15 日

购买方	名　　称：安顺市黄果树新创有限责任公司 纳税人识别号：520402056030111 地 址、电 话：安顺市黄果树城南路 188 号 0851-33765666 开户行及账号：工商银行安顺黄果树支行 2404030500583803366			密码区	/-54/*3+75<8-13/43>578>3469 4>4322/32+65-433<-28>33227 4>+12/3215/-432217/*1*>1278 -6432<+*<754322*>4533>/65		
货物或应税劳务、服务名称	规格型号	单位	数量	单价	金　额	税率	税　额
电费		千瓦时	21420	0. 4956	10615. 22	13%	1379. 98
合　　计					¥10615. 22		¥1379. 98
价税合计（大写）	⊗壹万壹仟玖佰玖拾伍元贰角正					（小写）¥11995. 20	
销售方	名　　称：安顺市南郊电力公司 纳税人识别号：5204020780892468 地 址、电 话：安顺市中华南路 455 号，33600089 开户行及账号：农业银行安顺黔中支行 1302876210089086051			备注	安顺市南郊电力公司 5204020780892468 发票专用章		

收款人：　　复核：　　开票人：刘军　　销售方：（章）

第三联：发票联　购买方记账凭证

说明：在此出现的是发票印件，仅用于申请办理电费付款审批手续，本月用转账支票支付。

业务提示：学生自行填制这张 11995. 20 元的转账支票

中国工商银行 转账支票存根 No. 30905228	中国工商银行　转账支票　No. 30905228
附加信息 出票日　　年　　月　　日 收款人： 金　额： 用　途： 单位主管　　会计 赵红艳	出票日期（大写）　　年　　月　　日　付款行名称：工商银行安顺黄果树支行 收款人：　　出票人账号：2404030500583803366 本支票付款期限十天 人民币（大写）　　百 十 万 千 百 十 元 角 分 用途 上列款项请从 我账户内支付 出票人签章（安顺市黄果树新创有限责任公司 财务专用章）（王天印）　　复核　　记账

业务 62

业务 62#提示：12 月 15 日，经理办公室购买办公用品一批，报销付现金。

贵州增值税普通发票

No. 08985499

发票联

开票日期：2019 年 12 月 15 日

购买方	名　　称：安顺市黄果树新创有限责任公司 纳税人识别号：520402056030111 地 址、电 话：黄果树城南路 188 号 0851-33765666 开户行及账号：工商银行安顺黄果树支行 2404030500583803366	密码区	/-27/*6+78<9-12/81>325>12 2>456/5+58-25-3<-28>78912 4>+12/4578/-457921/*1*>12 -4578<+*<258741/*>3697>/8

货物或应税劳务、服务名称	规格型号	单位	数量	单价	金额	税率	税额
办公用品		批	1	737.86	737.86	3%	22.14
合　　计					¥737.86		¥22.14
价税合计（大写）	⊗柒佰陆拾元整				（小写）¥760.00		

销售方	名　　称：安顺百佳文具店 纳税人识别号：5204020780890720 地 址、电 话：安顺市南华路 27 号 0851-33685606 开户行及账号：建设银行安顺南华支行 5537596466258258111	备注	安顺百佳文具店 5204020780890720 发票专用章

收款人：张琪　　复核：　　开票人：王家　　销售方：（章）

第三联：发票联 购买方记账凭证

购买清单

客户名称及地址：安顺市黄果树新创有限责任公司　　2019 年 12 月 15 日 填制

品名	单位	数量	单价（元）	金额 万	千	百	十	元	角	分
A4 纸	包	20	21.00			4	2	0	0	0
长尾夹	筒	3	15.00				4	5	0	0
计算器	个	5	35.00			1	7	5	0	0
文件夹	个	10	2.00				2	0	0	0
订书机	个	6	15.00				9	0	0	0
橡皮筋	包	1	10.00				1	0	0	0
合　计					¥	7	6	0	0	0
合计金额（大写）：柒佰陆拾元整										

填票人：王家　　经办人：张琪　　单位名称（盖章）

第二联 发票

业务 63

业务 63#提示：公司采购部反映在几个月前安顺日报上看到本公司原供应商安顺京华有限公司破产公告，欠该公司的货款无法支付，财务部向公司领导申请批复后做账务处理。应付账款—京华公司的期初数据参见表 3-1

申　请

经调查发现，供应商安顺京华有限公司已破产，无法联系到相关负责人。我公司所欠货款 18 000.00 元（大写：人民币壹万捌仟元整）无法支付，特申请转作营业外收入。

财务主管：赵红艳　　单位负责人：情况属实，同意转账。王天一

安顺市黄果树新创有限责任公司 财务专用章

2019 年 12 月 15 日

备注：安顺京华有限公司破产公告见 2019 年 6 月 28 日安顺日报分栏广告

业务 64

业务 64#提示：经公司经理办公室同意，处理三台报废电脑，收到 120 元现金，款已交给财务部。

收 款 收 据

2019 年 12 月 16 日

今收到　李梅新	
人民币(大写)壹佰贰拾元整	小写：¥120.00　现金收讫
事由：三台报废电脑处置款	
收款单位财务章　安顺市黄果树新创有限责任公司 财务专用章	
收款人：陈婷	交款人：李梅新

固定资产出账通知单

使用单位：安顺市黄果树新创有限责任公司　　2019年12月16日　　编号：

类别	资产编号	固定资产名称	规格型号	建造单位			数量
				名称	日期	编号	
设备	0097	电子设备		联想	2015-05	000145	3台
原值	折旧额		使用年限	预计净残值	累计折旧	净值	所在地
	应提折旧额	月折旧额					
6900.00	6900.00	192.00	3		6900.00	0	
出账原因			设备内存毁损报废				

业务 65

业务65#提示：从西秀区木材加工厂购买木板包装箱50个，收到增值税专用发票，付转账支票，货物已经验收入库。

贵州增值税专用发票

No. 08992213

发票联

开票日期：2019年12月16日

购买方	名　　称：安顺市黄果树新创有限责任公司 纳税人识别号：520402056030111 地 址、电 话：黄果树城南路188号 0851-33765666 开户行及账号：工商银行安顺黄果树支行 2404030500583803366	密码区	/-13/*5+97<9-32/78>225>8453 6>5675+84-21-7<-26>2456778 1>+13/2570/-357842/*1*>1249 -3602<+*<23527/*>2442>/21

货物或应税劳务、服务名称	规格型号	单位	数量	单价	金额	税率	税额
木板包装箱		个	50	62.1239	3106.19	13%	403.81
合　　计					¥3106.19		¥403.81
价税合计（大写）	⊗叁仟伍佰壹拾元整				（小写）¥3510.00		

销售方	名　　称：西秀区木材加工厂 纳税人识别号：5204603005113357 地 址、电 话：西秀区中华东路56号 0851-37656898 开户行及账号：工商银行安顺虹机厂支行 2404030545445035521	备注	西秀区木材加工厂 5204603005113357 发票专用章

收款人：李萍　　复核：　　开票人：王清　　销售方：（章）

第三联：发票联　购买方记账凭证

中国工商银行
转账支票存根
No. 30905229

附加信息______________________

____

____

出票日期 2019 年 12 月 16 日

收款人：	西秀区木材加工厂
金　额：	3510.00
用　途：	购包装箱

单位主管　　　　会计 赵红艳

收　料　单

供货单位：西秀区木材加工厂

发票号码：02103246　　2019 年 12 月 5 日　　收货仓库：材料库

材料名称	规格	单位	数量		发票金额		应摊销运杂费	实际成本	
			应收	实收	单价	金额		单价	金额
木板包装箱		个	50	50					
合计									

验收：林祥　　保管：王海强　　记账：　　制单：

作业：同学自行填写空白栏目。

业务 66

业务 66#提示：交本公司银行账户管理费。

中国工商银行（安顺黄果树支行）付款通知书

日期 2019 年 12 月 16 日

机构号 0183594　　交易代码 1718573208603127

单位名称　安顺市黄果树新创有限责任公司		
账号 24040305005838023366		
摘要 账户管理费　20.00		
	金额合计	¥20.00
金额合计（大写）	人民币贰拾元整	

第二联　回单

中国工商银行股份有限公司安顺黄果树支行　2019.12.31　核算专用章

注：此付款通知书加盖我行业务公章方有效

流水号 01492753908　　经办 吉平安

业务 67

业务提示：不用编制会计分录

完 工 产 品 入 库 单

第 ____ 号

仓库：产成品仓库　　入库日期：2019.12.16

序号	编码	品　名	规格	摘要	单 位	数 量	单 价	金 额
1		甲产品				20		
2		乙产品				50		
3								
金额合计（大写）								
备注								
经手人					库管员			

业务68

业务提示：经公司领导审批，预付下年度财产保险费，付转账支票。

贵州增值税普通发票

No. 00789052

发票联

开票日期：2019年12月17日

购买方	名　　称：安顺市黄果树新创有限责任公司 纳税人识别号：520402056030111 地 址、电 话：黄果树城南路188号 0851-33765666 开户行及账号：工商银行安顺黄果树支行 2404030500583803366	密码区	/-22/*7+89<4-21/54>547>12>45 6/5+58-25-3<-28>78914>+12/22 4787//*006612/-435432/*1*>1 //00-4578<+*<232121/*>3697>/

货物或应税劳务、服务名称	规格型号	单位	数量	单价	金额	税率	税额
财产保险服务			1	5660.38	5660.38	6%	339.62
合　计					¥5660.38		¥339.62
价税合计（大写）	⊗陆仟元整				（小写）¥6000.00		

销售方		备注	
销售方	名　　称：都邦财产保险公司安顺分公司 纳税人识别号：520490683982194 地 址、电 话：安顺市经济开发区西航路东区2号 0851-33264185 开户行及账号：工商银行安顺西航支行 2404030500458704875	备注	都邦财产保险公司安顺分公司 520490683982194 发票专用章

收款人：　　复核：　　开票人：王 海　　销售方：（章）

第二联：发票联 购买方记账凭证

中国工商银行
转账支票存根
No. 30905230

附加信息

出票日期 2019年12月17日

收款人：	都邦财产保险公司安顺分公司
金　额：	6000.00
用　途：	预付2020年度财产保险

单位主管　　会计 赵红艳

中国平安财产保险股份有限公司

财产基本险保单明细表

保险单号：2010222312001600015

一、 被保险人资料

1.正式名称：安顺市黄果树新创有限责任公司　　　　行业类型：制造

2.证件类型：组织机构代码证　　　　证件号码：063056726

3.单位总机：0853-3765606

4.通讯地址：安顺市黄果树城南路188号　　　　邮政编码：561000

5.联系人姓名：苏先生

6.联系人办公电话：0853-3765606　　　　移动电话：15008552480

7.请您在收到保单后及时拨打本公司服务热线95512确认保单的真实性并核实上述信息

二、受益人名称：工商银行安顺黄果树支行

三、保险期间：共12个月

自2020年01月01日中午12时起，至2021年01月01日中午12时止

四、 保险项目

1.标的地址：安顺市黄果树城南路188号

2.保险项目	保险金额（元）	保险金额确定依据
（1）房屋建筑	9000000.00	贷款金额
（2）存货	1000000.00	账面价值

3.总保险金额　人民币壹仟万元整（RMB10000000.00）

五、 免赔声明

六、附加险

七、保险费率：0.0006

八、主险保险费：人民币陆仟元整（RMB6000.00）

附加险保费

总保险费：人民币陆仟元整（RMB6000.00）

付费日期及方式

付费次数：1

于2019年12月31日前交清保险费

业务 69

业务 69#提示：从安顺普定补郎乡星东煤矿购入原煤 50 吨，对方代垫运费，全部款项尚未支付，货在途中，未入库。

贵州增值税专用发票

No. 08963456

发票联

开票日期：2019 年 12 月 17 日

购买方	名　　称：安顺市黄果树新创有限责任公司 纳税人识别号：520402056030111 地 址、电 话：黄果树城南路 188 号 0851-33765666 开户行及账号：工商银行安顺黄果树支行 2404030500583803366	密码区	/-22/*7+89<4-21/54>547>12>456/5+58-25-3<-28>78914>+12/224787//*006612/-435432/*1*>1//00-4578<+*<232121/*>3697>/

货物或应税劳务、服务名称	规格型号	单位	数量	单价	金　额	税率	税　额
原煤		吨	50	414.1593	20707.96	13%	2692.04
合　　计					¥20707.96		¥2692.04
价税合计（大写）	⊗贰万叁仟肆佰元整				（小写）¥23400.00		

销售方	名　　称：安顺普定补郎乡星东煤矿 纳税人识别号：5204020380464158 地 址、电 话：安顺普定县补郎乡 0851-8220122 开户行及账号：工商银行安顺普定支行 2404030500458705145	备注	安顺普定补郎乡星东煤矿 5204020380464158 发票专用章

收款人：　　复核：　　开票人：王 海　　销售方：（章）

第三联：发票联 购买方记账凭证

贵州增值税专用发票

No. 08906281

发票联

开票日期：2019 年 12 月 17 日

购买方	名　　称：安顺市黄果树新创有限责任公司 纳税人识别号：520402056030111 地 址、电 话：黄果树城南路 188 号 0851-33765666 开户行及账号：工商银行安顺黄果树支行 2404030500583803366	密码区	/-23/*5+69<9-43/75>435>1452>789/5+47-28-3<-24>8866759>+67/5670/-579736/*1*>155-3589<+*<382992/*>7382>/75

货物或应税劳务、服务名称	规格型号	单位	数量	单价	金　额	税率	税　额
交通运输服务			1	2138.53	2138.53	9%	192.47
合　　计					¥2138.53		¥192.47
价税合计（大写）	⊗贰仟叁佰叁拾壹元整				（小写）¥2331.00		

销售方	名　　称：安顺汽车运输公司 纳税人识别号：520402078090147 地 址、电 话：安顺西秀区黄果树大道 178 号 0851-37656898 开户行及账号：工商银行安顺南街支行 204002069012100881	备注	安顺汽车运输公司 520402078090147 发票专用章

收款人：黎明　　复核：　　开票人：文清　　销售方：（章）

第三联：发票联 购买方记账凭证

业务 70

业务 70#提示：接受本地制造业协会捐赠切割机一台，价值 32000 元，现金支付合同印花税。

固定资产验收交接单

2019 年 12 月 17 日　　　　编号：67

资产编号	资产名称	规格型号	计量单位	数量	设备价值或工程造价（元）	设备基础及安装费用	附加费用	其它	合计（元）
00101	切割机	CC-1	台	1	32000.00				¥32000.00

来源	接受捐赠	使用年限	主要附属设备	附件名称	规格	单价	合计
制造厂家	安顺东方制造厂	10					
出厂日期	2018 年 08 月 21 日	折旧率					
出厂编号							
估计残值	1000.00 元						
接管部门	生产车间	备注：该设备已经过调试，可投入使用					

验收部门主管：　　移交人：　　接管部门主管：　　接管人：

捐 赠 合 同

甲方（捐赠方）：安顺制造业协会

乙方（受赠方）：安顺市黄果树新创有限责任公司

签约地点：安顺制造业协会会议室

签约时间：2019 年 12 月 17 日

为了支持乙方推广民生事业发展，甲方愿意捐赠 CC-1 型切割机一台，价值 32000.00 元（大写人民币叁万贰仟元整）。经双方商议达成以下合约：

一、甲方愿意向乙方捐赠 CC-1 型切割机一台，作为支持乙方企业发展所用。

二、甲方有权与乙方就所捐赠设备（物品）的使用方式进行协商。

三、在正常使用过程中，如甲方需要使用捐赠设备（物品），双方协商一致后，乙方应优先考虑满足甲方需要。

四、如甲方对所捐赠的设备（物品）有附带要求，双方协商一致后，乙方要按照协商结果，保质保量完成甲方要求。

五、捐赠设备于签约当日送达乙方。

六、本合约一式两份，甲、乙双方各执一份。

七、本合约经双方签字盖章后生效。

甲方（盖章）：安顺制造业协会 合同专用章　　乙方（盖章）：安顺市黄果树新创有限责任公司 合同专用章

授权签约人：杨乐印凯　　授权签约人：王一天印

凭证代码 2110148901189

中华人民共和国
印花税票销售凭证

凭证号码 00212581

密码 [redacted] 填发日期：2019 年 12 月 17 日 税务机关： 安顺市地方税务局

纳税人识别号	520402056030111	纳税人名称	安顺市黄果树新创有限责任公司
面额种类	品目名称	数量	金额
拾元票 壹元票	捐赠合同 捐赠合同	1 6	10.00 6.00
金额合计	（大写）壹拾陆元整		¥16.00
税务机关（盖章）	代售单位（盖章）	售票人 王梆梆	备注

安顺市地方税务局 01 征税专用章

妥 善 保 管

报销单

2019 年 12 月 17 日

部 门：财务部

报销事由及用途：缴纳印花税

人民币（大写）壹拾陆元整 现金付讫 小写¥16.00

备注：

单位主管：赵红艳 审核： 出纳：陈婷 领款人：陈婷

业务 71

业务 71#提示：公司经理办公室购置办公用电脑 3 台。网银付款，电脑已验收入库。

贵州增值税专用发票

No. 07852126

发票联

开票日期：2019 年 12 月 17 日

购买方	名　　称：安顺市黄果树新创有限责任公司 纳税人识别号：520402056030111 地 址、电 话：安顺市黄果树城南路 188 号 0851-33765666 开户行及账号：工商银行安顺黄果树支行 2404030500583803366			密码区	/-65/*6+22<6-32/81>6543>138 5>543/5+58-25-3<-28>789123 9>+12/3221/-457921/*1*>1278 -8668<+*<258741/*>5437>/85		
货物或应税劳务、服务名称	规格型号	单位	数量	单价	金额	税率	税额
电脑		台	3	4131.24	12393.72	13%	1611.18
合　　计					¥12393.72		¥1611.18
价税合计（大写）	⊗壹万肆仟零肆元玖角整				（小写）¥14004.90		
销售方	名　　称：天宇数码有限公司 纳税人识别号：62805432127253 地 址、电 话：贵阳市南明区法院街 13 号 0851-33523898 开户行及账号：工商银行南明区支行 2402520810033910015			备注	天宇数码有限公司 62805432127253 发票专用章		

收款人：田明　　复核：　　开票人：张天宇　　销售方：（章）

第三联：发票联　购买方记账凭证

固定资产验收交接单

2019 年 12 月 17 日　　编号 ：90

资产编号	资产名称	规格型号	计量单位	数量	设备价值或工程造价（元）	设备基础及安装费用	附加费用	其它	合计（元）
00222	电脑	1201	台	3	12393.72				¥12393.72
资金来源		自筹	使用年限		主要附属设备	附件名称	规格	单价	合计
制造厂家		天宇数码有限公司	3						
出厂日期		2019 年 12 月 1 日	折旧率						
出厂编号		AD05621698							
估计残值		0							
接管部门			备注：						

验收部门主管：　　移交人：　　接管部门主管：　　接管人：

中国工商银行　　网上银行电子回单

电子回单号码：0004-5874-3659-1100

付款人	户　名	安顺市黄果树新创有限责任公司	收款人	户　名	天宇数码有限公司
	账　号	583-803366		账　号	81003391001
	开户银行	工商银行安顺黄果树支行		开户银行	工商银行南明分理支行
金　额		人民币(大写)：壹万肆仟零肆元玖角整　　¥14004.90 元			
摘　要		购置电脑	业务种类		
用　途					
交易流水号		23623462	时间戳		2019-12-17-09.37.08.513420
中国工商银行 电子回单 专用章		备注：			
		验证码：lgFkFgU0weAQL/aZWrLXxmj6mik=			
记账网点	02580	记账柜员	00099	记账日期	2019 年 12 月 17 日

业务 72

业务提示：公司初次购买增值税税控系统盘及支付技术维护费，可在增值税应纳税额中全额抵减，即抵扣额为价税合计额。参见文件财税［2012］15 号相关规定。

贵州增值税专用发票　　No. 08906382

发票联

开票日期：2019 年 12 月 19 日

购买方	名　　称：安顺市黄果树新创有限责任公司 纳税人识别号：520402056030111 地 址、电 话：安顺市黄果树城南路 188 号 0851-33765666 开户行及账号：工商银行安顺黄果树支行 2404030500583803366			密码区	/-65/*6+22<6-32/81>6543>138 5>543/5+58-25-3<-28>789123 9>+12/3221/-457921/*1*>1278 -8668<+*<258741/*>5437>/85		
货物或应税劳务、服务名称	规格型号	单位	数量	单价	金　额	税率	税　额
税控盘、报税盘		套	1	637.17	637.17	13%	82.83
合　　计					¥637.17		¥82.83
价税合计（大写）	⊗柒佰贰拾元整				（小写）¥720.00		
销售方	名　　称：安顺市爱信诺航天信息有限公司 纳税人识别号：52010067679956 地 址、电 话：安顺市新大十字第 120 号 0851－3352345 开户行及账号：工商银行安顺南华路支行 81003391001			备注	安顺市爱信诺航天信息有限公司 52010067679956 发票专用章		

收款人：李明　　复核：　　开票人：陈纬五　　销售方：（章）

第三联：发票联　购买方记账凭证

贵州增值税专用发票　　No. 08906383

发票联

开票日期：2019年12月19日

购买方	名　　称：安顺市黄果树新创有限责任公司 纳税人识别号：520402056030111 地 址、电 话：黄果树城南路 188 号 0851-33765666 开户行及账号：工商银行安顺黄果树支行 2404030500583803366	密码区	/-65/*6+22<6-32/81>6543>138 5>543/5+58-25-3<-28>789123 9>+12/3221/-457921/*1*>1278 -8668<+*<258741/*>5437>/85

货物或应税劳务、服务名称	规格型号	单位	数量	单价	金 额	税率	税 额
增值税税控系统技术服务费		年	1	311.32	311.23	6%	18.68
合　　计					¥311.32		¥18.68
价税合计（大写）	⊗叁佰叁拾元整				（小写）¥330.00		

销售方	名　　称：安顺市爱信诺航天信息有限公司 纳税人识别号：52010067679956 地 址、电 话：安顺市新大十字第 120 号 0851－3352345 开户行及账号：：工商银行安顺南华路支行 81003391001	备注	安顺市爱信诺航天信息有限公司 52010067679956 发票专用章

收款人：李明　　复核：　　开票人：陈纬五　　销售方：（章）

第三联：发票联　购买方记账凭证

中国工商银行
转账支票存根
No. 30905235

附加信息

出票日期 2019 年 12 月 19 日

收款人：爱信诺航天信息有限公司	
金　额：1050.00	
用　途：购税控盘及技术服务费	
单位主管	会计 赵红艳

业务 73

业务 73#提示：经公司股东大会决定向山西太原育苗小学捐赠现金 5 万元。公司经理办负责联系山西方面教育局和学校方面，经太原市教育局同意并开出接受社会捐赠专用收据，财务部网银付款。

山西省接受社会捐赠专用收据

注册号码 晋 财（008）票字第 58 号　　NO：0005203

2019 年 12 月 18 日

捐赠者	安顺市黄果树新创有限责任公司			货币种类	人民币	第一联 收据
捐赠项目	现金					
项目（捐赠金额或实物）	单位	规格	数量	单价	金额	
现金					50000.00	
合计人民币（大写）	伍万元整			¥50000.00		

收费单位盖章：　　收款人：梁嘉兴　　开票人：

中国工商银行　　网上银行电子回单

电子回单号码：0004-5874-3659-1120

付款人	户　名	安顺市黄果树新创有限责任公司	收款人	户　名	太原育苗小学
	账　号	2404030500583803366		账　号	361367289910
	开户银行	工商银行安顺黄果树支行		开户银行	工商银行太原中华路支行
金　额		人民币(大写):伍万元整　¥50000.00 元			
摘　要		捐赠	业务种类		
用　途					
交易流水号		23623482	时间戳		2019-12-18-14.38.13.518291
		备注： 验证码：1gFkFgU0weAQL/aZWrLXxmj6mik=			
记账网点	02580	记账柜员	00099	记账日期	2019 年 12 月 18 日

业务 74

业务 74#提示：财务室购碎纸机、点钞机等小型办公设备，收到发票和设备，经公司领导同意，已办理报销手续，付现金。

贵州增值税普通发票　　No. 08904569

发票联

开票日期：2019 年 12 月 20 日

购买方	名　　称：安顺市黄果树新创有限责任公司 纳税人识别号：520402056030111 地 址、电 话：黄果树城南路 188 号 0851-33765666 开户行及账号：工商银行安顺黄果树支行 2404030500583803366	密码区	/-65/*6+22<6-32/81>6543>138 5>543/5+58-25-3<-28>789123 9>+12/3221/-457921/*1*>1278 -8668<+*<258741/*>5437>/85

货物或应税劳务、服务名称	规格型号	单位	数量	单价	金额	税率	税额
办公用品		批	1	698.06	698.06	3%	20.94
合　　计					¥698.06		¥20.94
价税合计（大写）	⊗柒佰壹拾玖元整				（小写）¥719.00		

销售方	名　　称：安顺百佳文具店 纳税人识别号：5204020780890720 地 址、电 话：安顺市南华路 27 号 0851-33685666 开户行及账号：建设银行安顺南华支行 5537596466258258111	备注	安顺百佳文具店 5204020780890720 发票专用章

收款人：　　复核：　　开票人：王家　　销售方：（章）

第三联：发票联　购买方记账凭证

商品销售清单

客户名称：安顺市黄果树新创有限责任公司　　2019 年 12 月 19 日　　填票人：程陈

品名规格	单位	数量	单价	金额						
				万	千	百	十	元	角	分
碎纸机	台	1	351.00			3	5	1	0	0
点钞机	台	1	368.00			3	6	8	0	0
合　计					¥	7	1	9	0	0
合计金额（大写）柒佰壹拾玖元整										

报　销　单

2019年12月19日

部　　门：财务室

报销事由及用途：购碎纸机、点钞机

人民币（大写）柒佰壹拾玖元整　现金付讫　小写¥ 719.00

备注：

单位主管：苏泽　　审核：　　出纳：陈婷　　领款人：赵红艳

业务 75

业务 75 提示：因生产车间需求，采购部张保军采购油漆 30 桶，开增值税专用发票，财务部审核签批手续齐全，全额付转账支票。

贵州增值税专用发票　　No. 08915682

发票联

开票日期：2019年12月19日

购买方	名　　称：安顺市黄果树新创有限责任公司 纳税人识别号：520402056030111 地 址、电 话：黄果树城南路188号 0851-33765666 开户行及账号：工商银行安顺黄果树支行 2404030500583803366	密码区	/-54/*3+75<8-13/43>578>346 4>4322/32+65-433<-28>33227 4>+12/3215/-432217/*1*>127 -6432<+*<754322*>4533>/65

货物或应税劳务、服务名称	规格型号	单位	数量	单价	金　额	税率	税　额
油漆		桶	30	51.77	1553.10	13%	201.90
合　　计					¥1553.10		¥201.90
价税合计（大写）	⊗壹仟柒佰伍拾伍元整				（小写）¥1755.00		

销售方	名　　称：西秀区金漆涂料厂 纳税人识别号：520402754789327 地 址、电 话：西秀区西航大道28号 0851-31200691 开户行及账号：工商银行安顺西航路支行 2404030500350248257	备注	西秀区金漆涂料厂 520402754789327 发票专用章

收款人：陈晨　　复核：　　开票人：刘军　　销售方：（章）

第三联：发票联　购买方记账凭证

中国工商银行
转账支票存根
No. 30905236

附加信息________________

出票日期 2019 年 12 月 19 日

收款人：西秀区金漆涂料厂
金　额：1755.00
用　途：购油漆
单位主管　　　　会计 赵红艳

收 料 单

供货单位：西秀区金漆涂料厂

发票号码：08905888　　2019 年 12 月 19 日　　仓库：材料库

材料编号	名称及规格	计量单位	数量		实际成本		备注
			应收	实收	单价	金额	
	油漆	桶	30	30			
合　　计			30	30			

第二联：记账依据

验收：林祥　　保管：王海强　　记账：　　制单：

作业：学生在收料的空白项目填写相关内容。

业务 76

业务 76#提示：经公司经理办公会同意，购入一台需要安装的钻床，供货商开出设备发票与运费发票，全部款项已用支票支付。

浙江增值税专用发票　No. 11537091

发票联

开票日期：2019 年 12 月 21 日

购买方	名　　称：安顺市黄果树新创有限责任公司 纳税人识别号：520402056030111 地 址、电 话：黄果树城南路 188 号 0851-33765666 开户行及账号：工商银行安顺黄果树支行 2404030500583803366	密码区	/-75/*7+23<7-14381>2321-124 6>854/5+432-25-3<-28>73222 9>+12/3428/-457921/*1*>1274 -4532<+*<975436/*>8597>/56

货物或应税劳务、服务名称	规格型号	单位	数量	单价	金额	税率	税额
钻床		台	1	49699.12	49699.12	13%	6460.88
合　　计					¥49699.12		¥6460.88
价税合计（大写）	⊗伍万陆仟壹佰陆拾元整					（小写）¥56160.00	

销售方	名　　称：浙江省苍南华福制造厂 纳税人识别号：330368527912548 地 址、电 话：温州市苍南县华富路 23 号 0577-336467 开户行及账号：工商银行苍南办事处　120355785216943	备注	浙江省苍南华福制造厂 330368527912548 发票专用章

收款人：张里　　复核：　　开票人：李苍南　　销售方：（章）

第三联：发票联　购买方记账凭证

浙江增值税专用发票　No. 11595489

发票联

开票日期：2019 年 12 月 21 日

购买方	名　　称：安顺市黄果树新创有限责任公司 纳税人识别号：520402056030111 地 址、电 话：黄果树城南路 188 号 0851-33765666 开户行及账号：工商银行安顺黄果树支行 2404030500583803366	密码区	/-21/*6+78<9-12/81>212>1248>8 65/5+58-25-3<-28>564435 9>+12/8654/-457921/*1*>753 -6432<+*<321241/*>4567>/54

货物或应税劳务、服务名称	规格型号	单位	数量	单价	金额	税率	税额
交通运输服务				1	4582.57	9%	412.43
合　　计					¥4582.57		¥412.43
价税合计（大写）	⊗肆仟玖佰玖拾伍元整					（小写）¥4995.00	

销售方	名　　称：温州市苍南县第一货运公司 纳税人识别号：330325696426458 地 址、电 话：温州市苍南县新华路 128 号 0577-3367235 开户行及账号：工商银行苍南办事处　12035785274336158	备注	温州市苍南县第一货运公司 330325696426458 发票专用章

收款人：李凯　　复核：　　开票人：张娇　　销售方：（章）

第三联：发票联　购买方记账凭证

ICBC　中国工商银行

业务委托书 回执

黔B 00205700

委托人全称	安顺市黄果树新创有限责任公司
委托人账号	2404030500583803366
收款人全称	浙江省苍南华福制造厂
收款人账号	12035785274336158
金额	¥61155.00
委托日期	2019.12.21

中国工商银行股份有限公司安顺黄果树支行 2019.12.31 核算专用章

此联为银行受理通知单。若委托人申请汇票或本票业务，应凭此联领取汇票或本票。

业务77

业务77#提示：钻台安装安毕，交付车间使用。

贵州增值税专用发票　　No. 08911485

发票联

开票日期：2019年12月22日

购买方	名　　称：安顺市黄果树新创有限责任公司 纳税人识别号：520402056030111 地 址、电 话：黄果树城南路188号 0851-33765666 开户行及账号：工商银行安顺黄果树支行 2404030500583803366			密码区	/-54/*3+75<8-13/43>578>346 4>4322/32+65-433<-28>33227 4>+12/3215/-432217/*1*>127 -6432<+*<754322*>4533>/65		
货物或应税劳务、服务名称	规格型号	单位	数量	单价	金额	税率	税额
安装服务				2036.70	2036.70	9%	183.30
合　计					¥2036.70		¥183.30
价税合计（大写）	⊗贰仟贰佰贰拾元整				（小写）¥2220.00		
销售方	名　　称：安顺虹山安装公司 纳税人识别号：520754789327318 地 址、电 话：安顺虹山路87号 0851－31200691 开户行及账号：工商银行安顺北街支行 2404030500588521003				备注	安顺虹山安装公司 520754789327318 发票专用章	

收款人：胡琴　　复核：张海东　　开票人：杨梅　　销售方：（章）

第三联：发票联　购买方记账凭证

中国工商银行　　　　网上银行电子回单

电子回单号码：0004-5874-1254-2356

付款人	户　名	安顺市黄果树新创有限责任公司	收款人	户　名	安顺虹山安装公司
	账　号	2404030500583803366		账　号	2404030500588521003
	开户银行	工商银行安顺黄果树支行		开户银行	工商银行安顺北街支行
金　额		人民币(大写)：贰仟贰佰贰拾元整　　¥2220.00 元			
摘　要		安装设备	业务种类		
用　途					
交易流水号		23622584	时间戳	2019-12-22-10.49.11.519520	
中国工商银行 电子回单 专用章		备注：			
		验证码：lgFkFgUOweAQL/aZWrLXxmj6mik=			

记账网点	02596	记账柜员	00018	记账日期	2019 年 12 月 22 日

固定资产验收交接单

2019 年 12 月 22 日　　　　编号 ：191

资产编号	资产名称	规格型号	计量单位	数量	设备价值或工程造价	设备基础及安装用费	附加费用	其它	合计
00311	钻机	1301	台	1	54281.69	2036.70			¥56318.39
资金来源	自筹		使用年限		主要附属设备	附件名称	规格	单价	合计
制造厂家	浙江省苍南华福制造厂		5						
出厂日期	2019 年 02 月 01 日		折旧率						
出厂编号	AD09752054								
估计残值									
接管部门			备注：						

验收部门主管：　　移交人：陈杰义　　接管部门主管：林小海　　接管人：徐青

业务 78

业务 78#提示：委托安顺福德商贸公司代销乙产品，发货 20 件乙产品，送到福德公司，对仓库人员办理了收货手续，给我公司一份。

产品代销协议

甲方：安顺市黄果树新创有限责任公司 （以下简称甲方）

乙方：安顺福德商贸公司（以下简称乙方）

甲乙双方遵循平等、互利的原则，根据相关法律法规，经协商一致，达成以下协议，

甲方委托乙方代销下列商品：

商品名称	单位	数量	不含税销售价	含税价单价
乙产品	件	20	3313.27元	3744.00 元

一、甲方授权乙方代销乙产品，乙方可根据甲方的授权销售乙产品，但无权转让给第三方代销。

二、合作的方式：甲方负责将乙产品运至乙方，双方确认乙产品数量、外观质量后，盖章签收，签收单将作为双方结算依据。乙方售出产品后，及时开具销货清单给甲方；甲方收到乙方结算清单后，按销售全款扣除代销手续费后的金额开具增值税专用发票给乙方，乙方收到发票后，按发票金额将货款转给甲方。

三、利益分配方式：乙方应严格按甲方规定销售价格销售乙产品；乙方每售出一件产品，甲方则按 160 元/件标准向乙方支付代销手续费。

四、在本协议履行期间，乙方必须妥善管理乙产品，保证包装盒外观封条完好无损，否则视为乙方已销售，并支付产品的价税款给甲方。

五、除持甲方代理书的人员外，乙方不得向任何其它人员支付销售款项。

六、本协议经双方签字盖章后生效。本协议一式二份，甲乙双方各执一份。

安顺市黄果树新创有限责任公司　王天一印　　　　安顺福德贸易有限公司　李福德印

甲方单位（签章）：　　　　乙方单位（签章）：

法　　人：　　　　法　　人：

日　　期：2019 年 12 月 22 日　　　　日　　期：2019 年 12 月 22 日

产品出库单

销售渠道：委托代销　　　　2019年12月22日

产品名称	规格型号	计量单位	数量	单位成本	成本金额
乙产品		件	20		
提货单位	安顺福德商贸公司			经办人	刘国云

主管：　　　　记账：　　　　保管员：王海强

作业：学生请自行填写相关空白栏目。

业务79

业务79#提示：从安顺市边城商贸公司购润滑油50桶，货已入库，转账支付货款。

中国工商银行

转账支票存根

No. 30905237

附加信息

出票日期 2019 年 12 月 23 日

收款人：安顺市边城商贸公司
金　额：18135.00
用　途：购润滑油
单位主管　　　　会计 赵红艳

贵州增值税专用发票　　No. 08955983

发票联

开票日期：2019 年 12 月 23 日

购买方	名　　称：安顺市黄果树新创有限责任公司 纳税人识别号：520402056030111 地 址、电 话：黄果树城南路 188 号 0851-33765666 开户行及账号：工商银行安顺黄果树支行 2404030500583803366	密码区	/321/*6+78<9-12/81>32211124 6>456/5+58-25-3<-28>3211123> +13453/-46789</*1*>127811 -4578<+*<252332/*>3697>/85

货物或应税劳务、服务名称	规格型号	单位	数量	单价	金额	税率	税额
润滑油		桶	50	320.97	16048.67	13%	2086.33
合　　计					¥16048.67		¥2086.33
价税合计（大写）	⊗壹万捌仟壹佰叁拾伍元整				（小写）¥18135.00		

销售方	名　　称：安顺市边城商贸公司 纳税人识别号：520400085879901 地 址、电 话：黄果树西航路 56 号 0851－33791208 开户行及账号：工商银行安顺西航路办事处 2404030500765718877	备注	安顺市边城商贸公司 520400085879901 发票专用章

收款人：文心　　复核：　　开票人：王强　　销售方：（章）

第三联：发票联　购买方记账凭证

收　料　单

供货单位：安顺市边城商贸公司

发票号码：08905889　　2019 年 12 月 23 日　　仓库：材料库

材料编号	名称及规格	计量单位	数量		实际成本		备注
			应收	实收	单价	金额	
	润滑油	桶	50	50	320.97	16048.67	
合　　计			50	50	320.97	16048.67	

验收：林祥　　保管：王海强　　记账：　　制单：

第二联：记账依据

业务 80

业务 80#提示：经公司领导审批同意，付补郎乡星东煤矿货款。具体数据参见 69#业务。

中国工商银行 网上银行电子回单

电子回单号码：0007-5689-1254-8521

付款人	户　名	安顺市黄果树新创有限责任公司	收款人	户　名	安顺普定补郎乡星东煤矿
	账　号	2404030500583803366		账　号	2404030500458705145
	开户银行	工商银行安顺黄果树支行		开户银行	工商银行安顺普定支行
金　额		人民币（大写）：贰万伍仟柒佰叁拾壹元整　　¥25731.00 元			
摘　要		支付前欠货款	业务（产品）各类	汇划收报	
用　途					
交易流水号		963365	时间戳	2019-12-02	
中国工商银行 电子回单 专用章		备注： 附言：　支付交易序号：4841 报文种类：CMT100 汇兑支付报文　委托日期：2019-12-23 业务种类：普通汇兑 收款人地址：　付款人地址：			
		验证码：Moliffr4ggfsaAHD7HS7?S7G=			

记账网点	0369	记账柜员	00487	记账日期	2019 年 12 月 23 日

打印日期：2019 年 12 月 23 日

作业：请同学们在空白请款单上填写相关内容

请　款　单

年　月　日

申请部门：　　　　　　　　申请人：

请款事由及用途：________________			
人民币（大写）________________小写¥________			
● 备注：			
公司负责人：	部门经理	财务经理：	出纳：

业务 81

业务 81#提示：销售甲产品 20 件给都匀宏宇公司，客户马上网银付款，享受商业折扣 95 折，开有折扣的增值税专用发票。

贵州增值税专用发票　　No. 08905895

开票日期：2019 年 12 月 23 日

购买方	名　　称：黔南自治州都匀市宏宇公司 纳税人识别号：5227033001112255 地址、电话：都匀市桥头堡 125 号　0854-32698252 开户行及账号：工商银行都匀桥头堡支行　2405032511078952355			密码区	8818>788<-1628-->5325>124 75>578/5+53-25-3<-28>34 1>+12/4578/-432221/*1*>12 -34576<+*<6433/*>3537>/6		
货物或应税劳务、服务名称	规格型号	单位	数量	单价	金额	税率	税额
甲产品		件	20	11389.38	227787.61	13%	29612.39
折扣(5.000%)					-11389.38	13%	-1480.62
合　　计					¥216398.23		¥28131.77
价税合计（大写）	⊗贰拾肆万肆仟伍佰叁拾元整				（小写）¥244530.00		
销售方	名　　称：安顺市黄果树新创有限责任公司 纳税人识别号：520402056030111 地址、电话：安顺市黄果树城南路 188 号　0851-33765666 开户行及账号：工商银行安顺黄果树支行　2404030500583803366			备注	安顺市黄果树新创有限责任公司 520402056030111 发票专用章		

第三联：记账联　销售方记账凭证

收款人：陈婷　　复核：　　开票人：张小丽　　销售方：（章）

中国工商银行　　网上银行电子回单

电子回单号码：0004-5874-2546-2281

付款人	户　名	黔南自治州都匀市宏宇公司	收款人	户　名	安顺市黄果树新创有限责任公司
	账　号	2405032511078952355		账　号	2404030500583803366
	开户银行	工商银行都匀桥头堡支行		开户银行	工商银行安顺黄果树支行
金　额		人民币(大写)：贰拾肆万肆仟伍佰叁拾元整　¥244530.00			
摘　要		货款		业务种类	
用　途					
交易流水号		23623425		时间戳	2019-12-23
中国工商银行 电子回单专用章		备注：			
		验证码：lgFkFgU0weAQL/aZWrLXxmj6mik=			
记账网点	02518	记账柜员	00022	记账日期	2019 年 12 月 23 日

产品出库单

销售渠道：附有商业折扣销售　　　　2019年12月23日

产品名称	规格型号	计量单位	数量	单位成本	成本金额
甲产品		件	20		
提货单位	都匀市宏宇公司（销售部门代办托运）			经办人	张宏宇

主管：　　　　记账：　　　　保管员：王海强

业务82

业务提示：商业折扣9.5折销售20件乙产品，每件不含税售价3313.2743元，学生填制增值税专用发票

贵州增值税专用发票　　No. 08905896

开票日期：　　年　月　日

购买方	名　　称：安顺市惠通公司 纳税人识别号：520402257932183 地 址、电 话：安顺市东路115号 0854-7896342 开户行及账号：工商银行安顺市东路支行 24040351298952300185				密码区	/-43/*3+43<4-75/22>211>7532 2>456/5+58-25-3<-28>789123 6>+12/23545/-457921/*1*>127 -4578<+*<258741/*>3697>/85	
货物或应税劳务、服务名称	规格型号	单位	数量	单价	金额	税率	税额
						13%	
合　计							
价税合计（大写）	⊗				（小写）¥		
销售方	名　　称：安顺市黄果树新创有限责任公司 纳税人识别号：520402056030111 地 址、电 话：安顺市黄果树城南路188号 0851-33765666 开户行及账号：工商银行安顺黄果树支行 24040305005838O3366				备注	安顺市黄果树新创有限责任公司 520402056030111 发票专用章	

第三联：记账联　销售方记账凭证

收款人：陈婷　　复核：　　开票人：张小丽　　销售方：（章）

产品出库单

销售渠道：附有商业折扣销售　　　　2019 年 12 月 24 日

产品名称	规格型号	计量单位	数量	单位成本	成本金额
乙产品		件	20		
提货单位	安顺乐福商城			经办人	伍晓

主管：　　　　记账：　　　　保管员：王海强

业务 83

业务 83#提示：本公司经理办公室报销电话宽带费。

中国电信股份有限公司收费专用发票

发　票　联

发票代码：211011201012

发票号码：01283749

客户名称：安顺市黄果树新创有限责任公司　　　　客户号码：

0851-33765666

开户银行：工行安顺黄果树支行　　　　银行账号：2404030500583803366

计费周期：2019-11-01 至 2019-11-30　　合同号：cqtzo372　　填开日期：2019 年 12 月 25 日

长途话费	2100.00	第二联：发票
市话费	810.00	
宽带	500.00	
月租费	40.00	
合计（大写）人民币叁仟肆佰伍拾元整　　¥3450.00		
备注：光纤、电话费		

收款人：陆琪　　　　收款单位（盖章）：

同城特约委托收款凭证（支款通知）

委托日期：2019 年 12 月 25 日

付款人	全 称	安顺市黄果树新创有限责任公司	收款人	全 称	中国电信股份有限公司
	账号或地址	240403050058380366		账号或地址	410080070416946248 30
	开户银行	工商银行安顺黄果树办事处		开户银行	工商银行安顺新大十字支行

委收金额	人民币（大写）	叁仟肆佰伍拾元整	亿	千	百	十	万	千	百	十	元	角	分
							¥	3	4	5	0	0	0

款项内容		合同号		凭证张数	1
光纤、电话费	3450.00	注意事项： 1、上列款项为见票全额付款 2、上列款项若有误请与收款单位协商解决			
备注：					

（印章：中国工商银行股份有限公司安顺黄果树支行 2019.12.31 核算专用章）

会计　　复核　　记账　　支付日期　2019 年 12 月 25 日

此联交付款人作支款通知

报　销　单

2019 年 12 月 25 日

部　　门：行政管理部

报销事由及用途：宽带费、电话费

人民币（大写）叁仟肆佰伍拾元整　　小写¥ 3450.00　　转账付讫

备注：

审批人：王天一　　审核：　　出纳：陈婷　　经办人：赵小红

业务 84

业务 84#提示：外包简易仓库工程完工，验收合格，收到承包商-风雷建筑公司的工程发票，经公司经理办公会同意，冲抵前期预付款 6 万元，结清工程尾款，付支票。预付账款—风雷建筑公司期初数 参见表 3-1

贵州增值税普通发票　　No. 08911485

发票联

开票日期：2019 年 12 月 25 日

购买方	名　　称：安顺市黄果树新创有限责任公司 纳税人识别号：520402056030111 地 址、电 话：黄果树城南路 188 号 0851-33765666 开户行及账号：安顺工商银行黄果树支行 2404030500583803366				密码区	/-54/*3+75<8-13/43>578>346 4>4322/32+65-433<-28>33227 4>+12/3215/-432217/*1*>127 -6432<+*<754322*>4533>/65	
货物或应税劳务、服务名称	规格型号	单位	数量	单价	金　额	税率	税　额
工程款				128000.00	128000.00	3%	3840.00
合　　计					¥128000.00		¥3840.00
价税合计（大写）	⊗壹拾叁万壹仟捌佰肆拾元整					（小写）¥131840.00	
销售方	名　　称：安顺市西秀区风雷建筑公司 纳税人识别号：520402030504562 地 址、电 话：安顺市西秀区双阳厂 0851－31200691 开户行及账号：工商银行安顺春雷分理处 2404030500588521003				备注	安顺市西秀区风雷建筑公司 520402030504562 发票专用章	

第三联：发票联　购买方记账凭证

收款人：李化　　复核：赵琴　　开票人：刘昌胜　　销售方：（章）

固定资产验收交接单

2019 年 12 月 17 日　　编号 ：90

资产编号	资产名称	规格型号	计量单位	数量	设备价值或工程造价	设备基础及安装用费	附加费用	其它	合计
00412	仓库	4302	个	1	131840				¥131840.00

资金来源	自筹	使用年限		主要附属设备	附件名称	规格	单价	合计
制造厂家	西秀区风雷建筑公司	20						
出厂日期	2019 年 12 月 1 日	折旧率						
出厂编号								
估计残值								
接管部门		备注：						

验收部门主管：　　移交人：　　接管部门主管：　　接管人：

中国工商银行

转账支票存根

No. 30905238

附加信息

出票日期 2019 年 12 月 25 日

收款人：西秀区风雷建筑公司
金　额：71840.00
用　途：工程款
单位主管　　　　会计 赵红艳

业务 85

业务 85#提示：向贵阳市南平公司销售乙产品 12 件，货已发出，该客户在 11 月底以前，已支付 20，000 元的订金给本公司，双方约定货物尾款在南平公司收到货物 30 天以内支付。预收账货—南平公司期初数据见表 3-1。

贵州增值税专用发票

（印章：全国统一发票监制章 贵州 国家税务总局监制）

No. 08905897

开票日期：2019 年 12 月 25 日

购买方	名　　称：贵州省贵阳市南平公司 纳税人识别号：52270377539402745 地 址、电 话：贵阳市西风路 32 号 0854-87618311 开户行及账号：工商银行花溪办事处 3404030503668380305	密码区	/-23/*7+43<4-32/67>432>134 7>7546/5+58-25-3<-28>33433 4>+12/6432/-457921/*1*>127 -3215<+*<258741/*>3217>/6

货物或应税劳务、服务名称	规格型号	单位	数量	单价	金　额	税率	税　额
乙产品		件	12	3313.2743	39759.29	13%	5168.71
合　　计					¥39759.29		¥5168.71
价税合计（大写）	⊗肆万肆仟玖佰贰拾捌元整				（小写）¥44928.00		

销售方	名　　称：安顺市黄果树新创有限责任公司 纳税人识别号：520402056030111 地 址、电 话：黄果树城南路 188 号 0851-33765666 开户行及账号：工商银行安顺黄果树支行 2404030500583803366	备注	（印章：安顺市黄果树新创有限责任公司 520402056030111 发票专用章）

第三联：记账联 销售方记账凭证

收款人：　陈婷　　　　复核：　　　　开票人：张小丽　　　　销售方：（章）

<u>产 品 出 库 单</u>

销售渠道： 直接销售　　　　2019 年 12 月 25 日

产品名称	规格型号	计量单位	数量	单位成本	成本金额
乙产品		件	12		
提货单位	贵阳南平公司			经办人	陆松

主管：　　　　记账：　　　　保管员： 王海强

业务 86

业务 86#提示：公司王总指示给车间管理干部发放花生油，作为加班补助费，办公室经办人员赵小红前来报销，付现金。

贵州省国家税务局通用机打发票

发 票 联

发票代码　252001400003

安顺家乐福超市

机号：115　收银员：126

时间：2019-12-26 15:13:24　　终端：115

==

品名/编码	数量	单价	小计
-1.鲁花花生油 4L 6901070639020	6	98.00	588.00

------------------------------ 总 计 ------------------------------

总数量 6

应付金额：588.00

------------------------------ 总 支 付 ------------------------------

现金：588.00

实收金额：600.00　　找 零：12.00

流 水 号：160729001115000395

电话：81187778

报　销　单

2019 年 12 月 26 日

部　　门：　　生产车间

报销事由及用途：　　车间员工加班补助

人民币（大写）伍佰捌拾捌元整　　小写¥　588.00　　现金付讫

备注：

审批人：王天一　　审核：　　出纳：陈婷　　经办人：赵小红

商品发放签字确认表

2019 年 12 月 26 日

领用部门	鲁花花生油（4L）			签字确认	备注
	数量	单价	金额		
生产车间	2	98.00	196.00	林小海	加班补助
生产车间	2	98.00	196.00	钟　可	加班补助
生产车间	2	98.00	196.00	张保军	加班补助
合计	6		588.00		

业务87

贵州增值税普通发票

No. 08907594

发票联

开票日期：2019年12月26日

购买方	名　　称：安顺市黄果树新创有限责任公司 纳税人识别号：520402056030111 地 址、电 话：黄果树城南路188号 0851-33765666 开户行及账号：工商银行安顺黄果树支行 2404030500583803366	密码区	/-23/*7+43<4-32/67>432>13 7>7546/5+58-25-3<-28>334 4>+12/6432/-457921/*1*>12 -3215<+*<258741/*>3217>/

货物或应税劳务、服务名称	规格型号	单位	数量	单价	金额	税率	税额
餐饮服务		桌	1	1242.72	1242.72	3%	37.28
合　　计					¥1242.72		¥37.28
价税合计（大写）	⊗壹仟贰佰捌拾元整				（小写）¥1280.00		

销售方	名　　称：安顺西秀区屯缘食府 纳税人识别号：5204020780892468 地 址、电 话：安顺西秀区北街中华路 13785212999 开户行及账号：中国银行安顺新大十字支行 520501664443300021	备注	安顺西秀区屯缘食府 5204020780892468 发票专用章

第二联：发票联　购买方记账凭证

收款人：　　复核：　　开票人：张方文　　销售方：（章）

报 销 单

2019年12月26日

部　门：办公室

报销事由及用途：业务招待费（共16人）

人民币（大写）壹仟贰佰捌元整　小写¥1280.00

现金付讫

备注：

单位主管：　　审核：赵红艳　　出纳：陈婷　　领款人：王天一

业务 88

业务 88#提示：公司经理公会决议，将公司闲置机器设备出租给北洋科技公司使用，已签订合同，收到北洋公司半年租金。

安顺市黄果树新创有限责任公司文件

【2019】字第 28 号

为充分利用空闲设备，盘活设备的利用率，实现多渠道创收目标，公司特召开会议研究将暂时闲置的设备出租事宜。

一、会议时间

2019 年 12 月 25 日

二、会议地点

202 会议室

三、会议主要内容

会议决定将车间暂时闲置不用的设备转作出租，原值 180000.00 元，　已提折旧 16000.00 元。

租赁期限为两年，即 2019 年 12 月 25 日至 2021 年 12 月 25 日，全部租金 180 000.00 元，租金半年一付。

安顺市黄果树新创有限责任公司

2019 年 12 月 25 日

（印章：安顺市黄果树新创有限责任公司）

中国工商银行　转账支票（黔）　　XI 178390868931

出票日期（大写）贰零壹玖年壹拾贰月贰拾伍日　　付款行名称：工商银行建设路支行

收款人：安顺市黄果树新创有限责任公司　　出票人账号：2404030500545622 45

人民币（大写）肆万伍仟元整	百	十	万	千	百	十	元	角	分
		¥	4	5	0	0	0	0	0

本支票付款期限十天

用途：支付半年租金

上列款项请从我账户内支付

出票人签章　　复核　　记账

（印章：安顺北洋科技有限公司 财务专用章）（印章：周明凯）

ICBC 中国工商银行 进账单（回 单）2

年 月 日

<table>
<tr><td rowspan="3">出票人</td><td>全 称</td><td></td><td rowspan="3">收款人</td><td>全 称</td><td colspan="11"></td></tr>
<tr><td>账 号</td><td></td><td>账 号</td><td colspan="11"></td></tr>
<tr><td>开户银行</td><td></td><td>开户银行</td><td colspan="11"></td></tr>
<tr><td rowspan="2">金额</td><td colspan="4" rowspan="2">人民币
（大写）</td><td>亿</td><td>千</td><td>百</td><td>十</td><td>万</td><td>千</td><td>百</td><td>十</td><td>元</td><td>角</td><td>分</td></tr>
<tr><td></td><td></td><td></td><td></td><td></td><td></td><td></td><td></td><td></td><td></td><td></td></tr>
<tr><td colspan="2">票据种类</td><td></td><td>票据张数</td><td></td><td colspan="11" rowspan="3">开户银行签章</td></tr>
<tr><td colspan="2">票据号码</td><td colspan="3"></td></tr>
<tr><td colspan="5">复核 记账</td></tr>
</table>

此联是开户银行交给持（出）票人的回单

ICBC 中国工商银行 进账单（收账通知）3

年 月 日

<table>
<tr><td rowspan="3">出票人</td><td>全 称</td><td></td><td rowspan="3">收款人</td><td>全 称</td><td colspan="11"></td></tr>
<tr><td>账 号</td><td></td><td>账 号</td><td colspan="11"></td></tr>
<tr><td>开户银行</td><td></td><td>开户银行</td><td colspan="11"></td></tr>
<tr><td rowspan="2">金额</td><td colspan="4" rowspan="2">人民币
（大写）</td><td>亿</td><td>千</td><td>百</td><td>十</td><td>万</td><td>千</td><td>百</td><td>十</td><td>元</td><td>角</td><td>分</td></tr>
<tr><td></td><td></td><td></td><td></td><td></td><td></td><td></td><td></td><td></td><td></td><td></td></tr>
<tr><td colspan="2">票据种类</td><td></td><td>票据张数</td><td></td><td colspan="11" rowspan="3">开户银行签章</td></tr>
<tr><td colspan="2">票据号码</td><td colspan="3"></td></tr>
<tr><td colspan="5">复核 记账</td></tr>
</table>

此联是收款人开户银行交给收款人的收账通知

作业：学生根据教材数据自行填写空白进账单

贵州增值税普通发票

No. 08654064

开票日期：2019 年 12 月 25 日

购买方	名称：安顺北洋科技公司 纳税人识别号：522623128865437 地址、电话：贵阳市建安路 115 号 0854-88642631 开户行及账号：工商银行花溪办事处 34087776726528927362	密码区	/-63/*7+43<4-32/67>32>134 7>75645/5+58-25-3<-28>33433 4>+12/642/-457921/*1*>12887 -321895<+*<241/*>3217>/6

货物或应税劳务、服务名称	规格型号	单位	数量	单价	金额	税率	税额
经营租赁服务			1	39823.01	39823.01	13%	5176.99
合计					¥39823.01		¥5176.99
价税合计（大写）	⊗肆万伍仟元整				（小写）¥45000.00		

销售方	名称：安顺市黄果树新创有限责任公司 纳税人识别号：520402056030111 地址、电话：黄果树城南路 188 号 0851-33765666 开户行及账号：工商银行安顺黄果树支行 2404030500583803366	备注	安顺市黄果树新创有限责任公司 520402056030111 发票专用章

第三联：记账联 销售方记账凭证

收款人：陈婷　　复核：　　开票人：张小丽　　销售方：（章）

业务 89

业务 89#提示：公司供应商—北方公司的业务人员前来催收货款，按合同约定，我公司应结清尾款，采购部办理请款手续齐全，财务部办理转账支票偿还北方公司货款，应付账款—北方公司期初数据参见表 3-1

中国工商银行 转账支票存根

No.30905238

附加信息

出票日　年　月　日

收款人：	
金　额：	
用　途：	

单位主管　　会计 赵红艳

中国工商银行 转账支票　　No. 30905238

出票日期（大写）　年　月　日　　付款行名称：工商银行安顺黄果树支行

收款人：　　出票人账号：2404030500583803366

本支票付款期限十天

人民币（大写）	百	十	万	千	百	十	元	角	分

用途

密码

上列款项请从

我账户内支付

出票人签章　（安顺市黄果树新创有限责任公司 财务专用章）（王天印）

复核　　记账

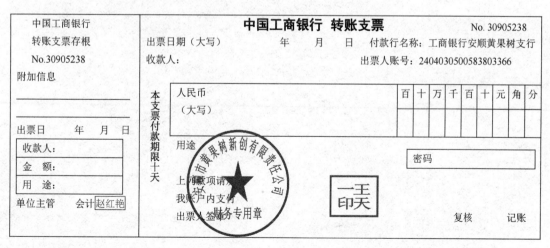

作业：学生根据教材提供的期初数据，自行填写这张空白支票。

业务 90

业务 90#提示：年底公司全面清查存货，以下物资请同学在对应存货账户数理金额明细账中，重点查询期末数量，再核对盘存单。

财产物资盘存单

单位名称：黄果树新创公司　　盘存时间：2019 年 12 月 27 日　　编号：001

财产类别：　　存放地点：原料库 成品库

序号	名称	规格型号	计量单位	实存数量	单价	金额	备注
1	油漆		桶	38			
2	润滑油		桶	187			
3	木板包装箱		个	348			
4	甲产品		件	40			
5	乙产品		件	30			

盘点人签章：曾长明　赵志刚　　实物保管人签章：王海强

存货盘点盈亏报告表（2）

单位名称：黄果树新创公司　　2019 年　12 月　27 日

<table>
<tr><td rowspan="3">名称</td><td rowspan="3">规格</td><td rowspan="3">单位</td><td rowspan="3">单价</td><td colspan="2">账存</td><td colspan="2">实存</td><td colspan="4">账实对比</td><td rowspan="3">备注</td></tr>
<tr><td rowspan="2">数量</td><td rowspan="2">金额</td><td rowspan="2">数量</td><td rowspan="2">金额</td><td colspan="2">盘盈</td><td colspan="2">盘亏</td></tr>
<tr><td>数量</td><td>金额</td><td>数量</td><td>金额</td></tr>
<tr><td>润滑油</td><td></td><td>桶</td><td></td><td>188</td><td>58828.67</td><td>187</td><td>58515.75</td><td></td><td></td><td>1</td><td>312.92</td><td rowspan="4">单位成本按月初结存计算</td></tr>
<tr><td>木板包装箱</td><td></td><td>个</td><td></td><td>350</td><td>21106.19</td><td>348</td><td>20985.58</td><td></td><td></td><td>2</td><td>120.61</td></tr>
<tr><td></td><td></td><td></td><td></td><td></td><td></td><td></td><td></td><td></td><td></td><td></td><td></td></tr>
<tr><td></td><td></td><td></td><td></td><td></td><td></td><td></td><td></td><td></td><td></td><td></td><td></td></tr>
<tr><td colspan="6">分析原因：</td><td colspan="7">审批意见：

主管部门：</td></tr>
</table>

盘点人签章：曾长明　赵志刚　　主管会计签章：赵红艳

业务 91

业务 91#提示：生产车间完工产品入库办理手续，此业务不需编制会计分录。

完工产品入库单

仓库：产成品仓库　　　　入库日期：2019 年 12 月 29 日

序号	品名	规格	单位	数量	单价	金额
1	甲产品		件	30		
2	乙产品		件	40		
3						

经手人：　　　　库管员：王海强

业务 92

业务 92#提示：公司老总王天一报销电话费。

贵州增值税电子普通发票　No. 08902378

发票联

开票日期：2019 年 12 月 29 日

购买方	名　　称：王天一 纳税人识别号： 地 址、电 话：135-9865-7588 开户行及账号：	密码区	/-27/*6+78<9-12/81>325>1247 2>456/5+58-25-3<-28>789123 4>+12/4578/-457921/*1*>1278 -4578<+*<258741/*>3697>/85

货物或应税劳务、服务名称	规格型号	单位	数量	单价	金　额	税率	税　额
通信服务费			1	458.72	458.72	9	41.28
合　　计					¥458.72		41.28
价税合计（大写）	⊗伍佰圆整				（小写）¥500.00		

销售方	名　　称：中国电信股份有限公司安顺分公司 纳税人识别号：915204007613714202 地 址、电 话：安顺市塔山东路 2 号 0851-33343048 开户行及账号：工商银行安顺塔山支行 24040301290222123905	备注	

第二联：发票联　销售方记账凭证

收款人：张海东　　复核：　　开票人：5339124　　销售方：（章）

（印章：中国电信股份有限公司安顺分公司 915204007613714202 发票专用章）

报 销 单

2019 年 12 月 29 日

部　门：办公室

报销事由及用途：电话费补贴

现金付讫

人民币（大写）伍佰元整　小写¥500.00

备注：

单位主管：　审核：赵红艳　出纳：陈婷　领款人：王天一

业务 93

业务 93#提示：向公司经理办公会，上报存货盘点报告，查明油漆、木板包装箱盘亏原因，按审批意见处理，财务数据参见 90#业务。

存货盘点盈亏报告表（3）

单位名称：黄果树新创公司　2019 年 12 月 29 日

名称	规格型号	计量单位	单价	账存		实存		账实对比				备注
								盘盈		盘亏		
				数量	金额	数量	金额	数量	金额	数量	金额	
润滑油		桶	312.9185	188	58828.67	187	58515.75			1	312.92	单位成本按月初结存计算
木板包装箱		个	60.3034	350	21106.19	348	20985.58			2	120.61	
分析原因：润滑油、木板包装箱短少为管理不善造成。					审批意见：公司决定对保管员王海强罚款 300 元，其余损失计入管理费用。 主管部门：							

盘点人签章：曾长明　赵志刚　主管会计签章：赵红艳

作业：同学请要在会计软件的查询润滑油与木板包装箱的数量金额式明细分类账，并核对这个账套对应账户金额是否与本盘点的数据相符。

业务 94

业务 94#提示：还本付息业务，三个月短期借款到期，还本付息共计 60765 元，前两个月利息 510 元已计提。应付利息数据参见表 3-1

还 款 凭 证

收款日期 2019 年 12 月 29 日　　　　序号 00123588

还款人	安顺市黄果树新创有限责任公司	贷款人	安顺市黄果树新创有限责任公司
存款账号	583-803366	贷款账号	583-803366
本息合计币种（大写）	人民币：陆万零柒佰陆拾伍元整	亿 千 百 十 万 千 百 十 元 角 分	¥ 6 0 7 6 5 0 0
收回 2019 年 09 月 29 日发放，2019 年 12 月 29 日到期贷款 本金：¥60000.00 利息：¥765.00 该笔贷款尚欠本金：0.00 利息：0.00	中国工商银行股份有限公司安顺黄果树支行 2019.12.31 核算专用章		
上述还贷款项我行已收妥 （银行业务章）			

第一联　债务还贷回单

制票：10789　复核：00235

业务 95

业务 95#提示：收到安顺福德商贸公司代销乙产品 10 件清单，给代销公司开发增值税发票，对方扣除手续费后付转账支票，存款已入账。参见业务 78#

代销商品明细清单

2019 年 12 月 30 日

产品名称	单位	含税单价	数量	不含税金额	税率	增值税
乙产品	件	3744	10	33132.74	13%	4307.26
合　计	人民币（大写）叁万柒仟肆佰肆拾元整　小写¥37440.00					
备　注	代销手续费用：10 件*160 元/件=1600.00 元，结算付款时已预扣。					

贵州增值税专用发票　　No. 08905898

（贵州　国家税务总局监制）

开票日期：2019 年 12 月 30 日

购买方	名　　称：安顺福德商贸有限公司 纳税人识别号：520422110021156 89 地 址、电 话：安顺市开发区 32 号 0851-33589877 开户行及账号：工商银行开发区分理处 240403789485203 69652	密码区	/-23/*7+43<4-32/67>432>134 7>7546/5+58-25-3<-28>33433 4>+12/6432/-457921/*1*>127 -3215<+*<258741/*>3217>/6

货物或应税劳务、服务名称	规格型号	单位	数量	单价	金额	税率	税额
乙产品		件	10	3171.68	31716.81	13%	4123.19
合　计					¥31716.81		¥4123.19
价税合计（大写）	⊗叁万伍仟捌佰肆拾元整				（小写）¥35840.00		

销售方	名　　称：安顺市黄果树新创有限责任公司 纳税人识别号：520402056030111 地 址、电 话：安顺市黄果树城南路 188 号 0851-33765666 开户行及账号：工商银行安顺黄果树支行 2404030500583803366	备注	安顺市黄果树新创有限责任公司 520402056030111 发票专用章

第三联：记账联　销售方记账凭证

收款人：陈婷　　复核：　　开票人：张小丽　　销售方：（章）

ICBC 中国工商银行　　进账单（回　单）2

2019 年 12 月 30 日

出票人	全　称	安顺福德商贸有限公司	收款人	全　称	安顺市黄果树新创有限责任公司
	账　号	24040378948520369652		账　号	2404030500583803366
	开户银行	工商银行安顺开发区分理处		开户银行	中国工商银行安顺黄果树支行
金额	人民币 （大写）叁万伍仟捌佰肆拾元整			亿 千 百 十 万 千 百 十 元 角 分	¥ 3 5 8 4 0 0 0
票据种类	转支	票据张数	1		
票据号码	X0.3908689				
		复核　记账		中国工商银行股份有限公司安顺黄果树支行 2019.12.31 开户银行签章 核算专用章	

此联是开户银行交给持（出）票人的回单

ICBC **中国工商银行** 进账单（收账通知）3

2019 年 12 月 30 日

出票人	全　称	安顺福德商贸有限公司	收款人	全　称	安顺市黄果树新创有限责任公司
	账　号	240403789485203696 52		账　号	2404030500583803366
	开户银行	工商银行安顺开发区分理处		开户银行	工商银行安顺黄果树支行
金额	人民币（大写）叁万伍仟捌佰肆拾元整			亿 千 百 十 万 千 百 十 元 角 分	¥ 3 5 8 4 0 0 0
票据种类	转支	票据张数	1	中国工商银行股份有限公司安顺黄果树支行 2019.12.31 核算专用章 开户银行签章	
票据号码	X0.3908689				
	复核　　记账				

此联是收款人开户银行交给收款人的收账通知

业务 96

业务 96#提示：因公司业务发展需要，经公司经理办公会同意向工商银行借款 90 万元，用于日常经营活动。

中国工商银行借款凭证

2019 年 12 月 31 日

借款人	安顺市黄果树新创有限责任公司	贷款账号	2404030500583803366	存款账号	2404030500583803366	第一联回单
贷款金额	人民币（大写）玖拾万元整		千 百 十 万 千 百 十 元 角 分	¥ 9 0 0 0 0 0 0 0		
借款合同号码	136121506190001	期限 1 年	约定还款日期	2020 年 12 月 31 日		
用途	资金周转借款		贷款基准利率	5.00‰	浮动档次	
上列贷款已转入借款人指定的账户。				中国工商银行股份有限公司安顺黄果树支行 2019.12.31 核算专用章 复核		
记账						

报 销 单

2019 年 12 月 31 日

部　　门：财务部

报销事由及用途：缴纳印花税

人民币（大写）肆拾伍元整　　现金付讫　　小写￥45.00

备注：

单位主管：赵红艳　　　审核：　　　出纳：陈婷　　　领款人：陈婷

借 款 合 同

经中国工商银行安顺黄果树支行（以下简称贷款方）与安顺市黄果树新创有限责任公司（以下简称借款方）充分协商，签订本合同，共同遵守。

一、由贷款方提供借款方贷款人民币玖拾万元整，补充流动资金，用于日常生产经营。贷款期限自 2019 年 12 月 31 日至 2020 年 12 月 31 日

二、贷款方应按期、按额向借款方提供贷款，否则，按违约数额和延期天数，付给借款方违约金。违约金数额和计算利率，与逾期贷款罚息的计算利率相同，即为每日万分之五。

三、贷款月利率 0.5%，每月 31 号计息，如遇调整，按调整的新利率和计息方法执行。

四、借款方应按协议使用贷款，不得转移用途。否则，贷款方有权停止发放新贷款，直至收回发放的贷款。

五、借款方保证按借款契约所订期限归还贷款本息。如需延期，借款方至迟在贷款到期前 3 天，提出延期申请，经贷款方同意，办理延期手续。但延期最长不超过原订期限的一半。贷款方未经同意延期或未办理延期手续的逾期贷款，加收罚息。

六、贷款到期后 1 个月，如借款方不归还贷款，贷款方有权依照法律程序处理借款方作为贷款抵押的财产，抵还借款本息。

七、合同争议的解决方式

本合同在履行过程中发生的争议，由甲乙双方协商解决；协商不成的依法向人民法院提起诉讼。

……

十二、本协议书一式 2 份，借贷款双方各执正本 1 份。本协议自双方签字起即生效。

贷款方：中国工商银行安顺黄果树支行　　　　借款方：安顺市黄果树新创有限责任公司

中国工商银行安顺黄果树支行 合同专用章

法定代表人：吴鹏宇　　宇吴 印鹏

签订日期：2019 年 12 月 31 日

安顺市黄果树新创有限责任公司 合同专用章

法定代表人：王天一　　一王 印天

签订日期：2019 年 12 月 31 日

凭证代码 2110148852661

中华人民共和国
印花税票销售凭证

凭证号码 00219655

密码 [redacted]　　填发日期：2019 年 12 月 31 日　　税务机关：安顺市地方税务局

纳税人识别号	520402056030111	纳税人名称	安顺市黄果树新创有限责任公司
面额种类	品目名称	数量	金额
拾元票	借款合同	4	40.00
壹元票	借款合同	5	5.00
金额合计	（大写）肆拾伍元整		¥45.00
税务机关（盖章）	代售单位（盖章）	售票人 王梆梆	备注

妥　善　保　管

安顺市地方税务局 01 征税专用章

业务 97

业务 97#提示：收到本基本账户—工商银行户活期存款银行利息。

中国工商银行计付存款利息清单　（收款通知）

2019 年 12 月 31 日

单位名称：安顺市黄果树新创有限责任公司

结算账号：2404030500583803366　　存款账号：2404030500583803366

编号	计息类型	计息起讫日期	计息积数	利率	利息金额
摘要：	活期存款利息	2019.9.30-2019.12.31	887600.00	0.5%	4438.00

金额合计（大写）肆仟肆佰叁拾捌元整　　小写¥4438.00

中国工商银行股份有限公司安顺黄果树分行 2019.12.31 核算专用章

复核　　记账

业务 98

业务 98#提示：北方股份股票公允价值发生变动，月末北方公司股票收盘价格为每股 19. 36 元。学生自行填制交易性金融资产公允价值变动表。

交易性金融资产公允价值变动表

2019 年 12 月 31 日　　　　　　　　单位：元

<table>
<tr><td rowspan="3">名称</td><td colspan="3">调整前账面价值</td><td rowspan="3">期末
公允价值</td><td rowspan="3">公允价值增（+）
减（-）变动</td></tr>
<tr><td rowspan="2">成本</td><td colspan="2">公允价值变动</td></tr>
<tr><td>借方</td><td>贷方</td></tr>
<tr><td></td><td></td><td></td><td></td><td></td><td></td></tr>
<tr><td></td><td></td><td></td><td></td><td></td><td></td></tr>
<tr><td>备　注</td><td colspan="5">北方公司股份账上 5000 股，每股 20.00 元</td></tr>
</table>

业务 99

业务 99#提示：生产部门工人刘嘉民因病住院预借 5000 元交住院费，公司相关领导已审批，财务部支付现金。

借　款　单

2019 年 12 月 27 日

<table>
<tr><td>借款部门</td><td>生产部</td><td>姓名</td><td>刘嘉民</td><td>事由</td><td>刘嘉民因病住院</td></tr>
<tr><td colspan="6">借款金额（大写）伍仟元整　　　　小写 ¥5000.00</td></tr>
<tr><td>部门负责人签署</td><td>情况属实。
林小海
12.27</td><td colspan="2">借款人签章　刘嘉民</td><td>注意事项</td><td>一、凡借用公款必须使用本单
二、出差返回后三天内结算</td></tr>
<tr><td>单位领导批示</td><td>同意借款。
王天一　12.30</td><td colspan="2">财务经理审核意见</td><td colspan="2">赵红艳
12.30</td></tr>
</table>

安顺市黄果树新创有限责任公司 财务专用章

现金付讫

业务 100

业务 100#提示：请填写完成以下坏账准备计算表空白栏目。

坏账准备计算表

编制单位：安顺市黄果树新创有限责任公司　　2019 年 12 月 31 日　　单位：元

计提前坏账准备余额	年末应收账款余额	计提比例	应计提坏账准备	年末应补提或冲销坏账准备
10200.00	269230.00	5%	13461.50	23661.50
备　注	计算结果保管小数点后 2 位。			

会计主管：　　会计：　　制单：

业务 101

业务 101#提示：计提长期借款利息（分期付息），参见表 3-1

借款利息计算表

币别：人民币　　2012 年 12 月 29 日　　单位：元

户名：安顺市黄果树新创有限责任公司					
计息项目	起息日	结息日	本金	年利率	月利息
长期借款	2019.12.01	2019.12.31	800000	5.5%	3667
合计（大写）					
备注：计算结果，四舍五入，保留整数					

业务 102

业务 102#提示：请填写完成以下无形资产-累计摊销计算表的空白栏目。

累计摊销计算表

编制单位：安顺市黄果树新创有限责任公司　　2019 年 12 月 31 日　　单位：元

无形资产名称	原　值	使用年限	月摊销金额
非专利技术—机械管理软件	75000	10 年	625

业务 103

业务 103#提示：请同学参见表 3-6 的固定资产数据完成这个折旧计算表的计算。

固定资产折旧计算表

编制单位：安顺市黄果树新创有限责任公司　　　　2019 年 12 月 31 日　　　　单位：元

使用部门	项目	固定资产原值	预计使用年限	净残值率（%）	计提折旧基数	年折旧额	月折旧额
A	B	1	2	3	4=1＊（1-3）	5=4/2	6=5/12
基本生产车间	房屋建筑物						
	机器设备						
	小计						
机修车间	房屋建筑物						
	机器设备						
	小计						
销售部门	房屋建筑物						
	电子设备						
	小计						
厂部	房屋建筑物						
	电子设备						
	小计						
经营租出机器设备	机器设备						
合　计							

固定资产增（减）变动表

编制单位：安顺市黄果树新创有限责任公司　　　　2019 年 12 月 31 日　　　　单位：元

时间	摘要	类别	原值	使用年限	预计净残值	应提折旧总额	使用部门	入账（出账）原因

业务 104

业务 104#提示：请同学们自行填写空白栏目金额。

本月水费、电费分配表

编制单位：安顺市黄果树新创有限责任公司　　2019 年 12 月 31 日　　单位：元

部　门	水　费			电　费			合计
	数量（吨）	单价	金额	数量（度）	单价	金额	
生产甲产品	1805	4.10		7612	0.56		
生产乙产品	1782	4.10		6570	0.56		
生产车间	112	4.10		598	0.56		
机修车间	716	4.10		2371	0.56		
销售机构	89	4.10		756	0.56		
厂部管理部门	452	4.10		3689	0.56		
合　计	4956			21596			

业务 105

业务 105#提示：学生自行填制工资分配汇总表

职工工资计算表

编制单位：安顺市黄果树新创有限责任公司　　2019 年 12 月 31 日　　单位：元

车间及部门	基本工资	岗位工资	工资总额	本月应付工资
车间生产工人	54,038.00	11,862.00	65,900.00	65,900.00
车间管理人员	8,268.00	2,332.00	10,600.00	10,600.00
机修车间人员	25,466.40	5,973.60	31,440.00	31,440.00
销售部人员	17,744.16	4,436.04	22,180.20	22,180.20
行政管理部人员	40,697.67	11,478.83	52,176.50	52,176.50
合　计	146,214.23	36,082.47	182,296.70	182,296.70

工资分配汇总表

编制单位：安顺市黄果树新创有限责任公司　　2019 年 12 月 31 日　　单位：元

<table>
<tr><th colspan="2">车间及部门</th><th>定额工时</th><th>分配率%</th><th>工资分配额</th></tr>
<tr><td rowspan="4">基本生产车间</td><td>生产甲产品工人</td><td>7000</td><td>70%</td><td></td></tr>
<tr><td>生产乙产品工人</td><td>3000</td><td>30%</td><td></td></tr>
<tr><td>小　计</td><td></td><td></td><td></td></tr>
<tr><td>车间管理人员</td><td></td><td></td><td></td></tr>
<tr><td>辅助生产车间</td><td>机修车间人员</td><td></td><td></td><td></td></tr>
<tr><td>销售部人员</td><td></td><td></td><td></td><td></td></tr>
<tr><td>行政管理部人员</td><td></td><td></td><td></td><td></td></tr>
<tr><td colspan="2">合　计</td><td></td><td></td><td></td></tr>
</table>

业务 106

业务 106#提示：计提工会经费与职工经费

工会经费、职工教育经费计提表

编制单位：安顺市黄果树新创有限责任公司　　2019 年 12 月 31 日　　单位：元

<table>
<tr><th colspan="2" rowspan="2">车间及部门</th><th rowspan="2">工资总额</th><th>工会经费</th><th>职工教育经费</th><th rowspan="2">合计</th></tr>
<tr><th>2%</th><th>1.50%</th></tr>
<tr><td rowspan="3">基本生产车间</td><td>甲产品工人</td><td></td><td></td><td></td><td></td></tr>
<tr><td>乙产品工人</td><td></td><td></td><td></td><td></td></tr>
<tr><td>管理人员</td><td></td><td></td><td></td><td></td></tr>
<tr><td colspan="2">机修车间人员</td><td></td><td></td><td></td><td></td></tr>
<tr><td colspan="2">销售部人员</td><td></td><td></td><td></td><td></td></tr>
<tr><td colspan="2">行政管理部人员</td><td></td><td></td><td></td><td></td></tr>
<tr><td colspan="2">合计</td><td></td><td></td><td></td><td></td></tr>
</table>

业务 107

业务提示：计提公司本月应负担的社保费。

社会保险费计提表

编制单位：安顺市黄果树新创有限责任公司　　2019 年 12 月 31 日　　单位：元

车间及部门		缴费基数	养老保险		医疗保险		失业保险		工伤保险	生育保险	公司负担社保费合计	个人负担社保费合计	社保费合计
			单位 19%	个人 8%	单位 7%	个人 2%	单位 0.7%	个人 0.3%	单位 0.5%	单位 0.4%			
基本生产车间	甲产品工人	46,120.00	8762.80	3,689.60	3228.40	922.40	322.84	138.36	230.60	184.48	12729.12	4750.36	17479.48
	乙产品工人	19,680.00	3739.20	1,574.40	1377.60	393.60	137.76	59.04	98.40	78.72	5431.68	2027.04	7458.72
	管理人员	10,190.70	1936.23	815.26	713.35	203.81	71.33	30.57	50.95	40.76	2812.63	1049.64	3862.28
机修车间人员		31,470.00	5979.30	2,517.60	2202.90	629.40	220.29	94.41	157.35	125.88	8685.72	3241.41	11927.13
销售部人员		22,016.80	4183.19	1,761.34	1541.18	440.34	154.12	66.05	110.08	88.07	6076.64	2267.73	8344.37
行政管理部人员		52,016.70	9883.17	4,161.34	3641.17	1,040.33	364.12	156.05	260.08	208.07	14356.61	5357.72	19714.33
合计		181,494.20	34483.90	14,519.54	12704.59	3,629.88	1270.46	544.48	907.47	725.98	50092.40	18693.90	68786.30
养老保险(单位+个人)			49003.43										
医疗保险(单位+个人)					16334.48								
失业保险(单位+个人)							1814.94						
工伤保险(单位+个人)									907.47				
生育保险(单位+个人)										725.98			

业务 108

业务 108#提示：计提公司本月应负担的住房公积金。

住房公积金计提表

编制单位：安顺市黄果树新创有限责任公司　　2019 年 12 月 31 日　　单位：元

车间及部门		缴费基数	住房公积金		合计
			单位 12%	个人 12%	
基本生产车间	甲产品工人	46,120.00	5,534.40	5,534.40	11,068.80
	乙产品工人	19,680.00	2,361.60	2,361.60	4,723.20
	车间管理人员	10,190.70	1,222.88	1,222.88	2,445.76
机修车间人员		31,470.00	3,776.40	3,776.40	7,552.80
销售部人员		22,016.80	2,642.02	2,642.02	5,284.04
行政管理部人员		52,016.70	6,242.00	6,242.00	12,484.00
合　计		181,494.20	21,779.30	21,779.30	43,558.60

作业：学生自行搜索当地住房公积金管理中心官网，再找到热线服务电话，询问下列内容：1. 如果你是一家小型民营企业的业主，听说一些有关住房公积金贷款优惠政策传言，想知道具体有什么优惠政策？2. 想询问下小型私营企业办理住房公积金缴存业务需要带什么手续？3. 之前年份没有交纳的公积金可以补交吗？4. 这个住房公积除了可以用于归还贷款，还可以用于其他什么方面的支出？

业务 109

业务 109#提示：将生产成本—辅助生产—机修车间本月发生的料、工、费，按教材 3-7 表 12 月份车间、部门耗用辅助车间的劳务量分配辅助生产费用，请同学们重点查看生产成本—辅助生产-机修车间下设各明细账户的余额。

辅助生产费用分配表

编制单位：安顺市黄果树新创有限责任公司　　2019 年 12 月 31 日　　单位：元

分配部门	机修车间		
	分配标准（工时）	分配率	分配金额
生产车间	70		
销售部门	15		
管理部门	25		
顺达运输公司（外单位）	216		
合计	326		

业务 110

业务 110#提示：将 12 月份的制造费用依据教材表 3-8 甲产品、乙产品 12 月份耗用工时量表的工时数据分配给生产成本下的甲产品车间和乙产品车间的制造费用。请同学查询制造费用账户余额，填制本表。

制造费用分配表

编制单位：安顺市黄果树新创有限责任公司　　2019 年 12 月 31 日　　单位：元

产品名称	分配标准（工时）	分配率	分配金额
甲产品			
乙产品			
合计			

业务 111

业务 111#提示：根据会计政策、表 3-3，表 3-9、生产成本各明细账户余额。

甲产品成本计算表

2019 年 12 月 31 日

产成品：50 件　　在产品：无

摘要	直接材料	直接人工	制造费用		合计
月初在产品成本					
本月发生费用					
生产费用合计					
产品约当产量合计					
分配率					
完工产品总成本					
完工产品单位成本					
月末在产品成本					

乙产品成本计算表

2019 年 12 月 31 日

产成品：90 件　　　　　　　　　　　　在产品：30 件 投料程度 100%　加工程度 90%

摘要	直接材料	直接人工	制造费用		合计
月初在产品成本					
本月发生费用					
生产费用合计					
产品约当产量合计					
分配率					
完工产品总成本					
完工产品单位成本					
月末在产品成本					

完工产品成本汇总表

2019 年 12 月 31 日　　　　　　　　　　　　单位：元

成本项目	甲产品（　　件）		乙产品（　　件）	
	总成本	单位成本	总成本	单位成本
直接材料				
直接人工				
制造费用				
合　　计				

业务 112

业务 112#提示：按教材案例会计政策（四）销售与收款第二条约定，销售产品成本按月末一次加权平均法计算已销售商品的单位成本。期初结存参见，表 3-3 本期完工入库可参见 67#与 91#业务，销售数量可查询主营业务收入—甲产品和乙产品明细科目的数量金额明细分类。

产品销售成本计算表

编制单位：安顺市黄果树新创有限责任公司　　　　2019 年 12 月 31 日　　　　单位：元、件

<table>
<tr><th rowspan="2">产品名称</th><th colspan="3">期初结存</th><th colspan="3">本期完工入库</th><th colspan="3">本期销售</th></tr>
<tr><th>数量</th><th>单位成本</th><th>金额</th><th>数量</th><th>单位成本</th><th>金额</th><th>数量</th><th>加权平均单价</th><th>金额</th></tr>
<tr><td>甲产品</td><td></td><td></td><td></td><td></td><td></td><td></td><td></td><td></td><td></td></tr>
<tr><td>乙产品</td><td></td><td></td><td></td><td></td><td></td><td></td><td></td><td></td><td></td></tr>
<tr><td></td><td></td><td></td><td></td><td></td><td></td><td></td><td></td><td></td><td></td></tr>
<tr><td>合计</td><td></td><td></td><td></td><td></td><td></td><td></td><td></td><td></td><td></td></tr>
<tr><td colspan="3">备　注</td><td colspan="7">本月发出商品——乙产品共 20 件，已销售 10 件</td></tr>
</table>

业务 113

业务 113#提示：查销售数量，参见 56#业务，成本看原材料-焦碳数量金额明细账。

焦碳销售成本计算表

编制单位：安顺市黄果树新创有限责任公司　　　　2019 年 12 月 31 日　　　　单位：元

名称	数量（吨）	单位成本	金额
合计			

业务 114

业务 114#提示：查询应交税费各明细账户余额，先计算应交增值税再计算附加税。

增值税计算表

编制单位：安顺市黄果树新创有限责任公司　　2019 年 12 月 31 日　　单位：元

项　目	金　额
销项税额	
进项税额转出	
进项税额	
减免税款	
应交增值税	

增值税附征税费计算表

编制单位：安顺市黄果树新创有限责任公司　　2019 年 12 月 31 日　　单位：元

项目	计税依据	税率	应纳税额
城市维护建设税			
教育费附加			
地方教育费附加			
合计			

业务 115

业务 115#提示：目前大多数会计软件都提供账务处理—自动结转损益功能，学生运用会计软件执行期末损益结转处理，自动生成损益结转凭证。

损益类科目结转表

编制单位：安顺市黄果树新创有限责任公司　　　　2019 年 12 月 31 日　　　　单位：元

摘要	转出总账科目	金额	转入总账科目	金额
结出收益类科目	主营业务收入			
	其他业务收入			
	营业外收入			
	公允价值变动损益			
	投资收益			
转入总账科目			本年利润	
合计				
结出损失类科目	主营业务成本			
	其业务成本			
	营业税金及附加			
	销售费用			
	管理费用			
	财务费用			
	资产减值损失			
	营业外支出			
转入总账科目			本年利润	
合计				

业务 116

业务 116#提示：根据财务部 税务总局 财税【2019】19 号文件精神，黄果树新创公司从业人数小于 300 人，资产总额小于 5000 万，年应纳税所得小于 300 万，符合小型微利企业的三个条件，根据这个文件第 2 条相关内容："二、对小型微利企业年应纳税所得额不超过 100 万元的部分，减按 25%计入应纳税所得额，按 20%的税率缴纳企业所得税；"所以，本年度本企业所得税在享受国家税收优惠政策后，实际税负只有 5%。

所得税费用结转表

编制单位：安顺市黄果树新创有限责任公司　　　2019 年 12 月 31 日　　　单位：元

摘　要	转出总账科目	金额	转入总账科目	金额
结出科目	所得税费用			
转入科目			本年利润	

业务 117

本年利润结转表

编制单位：安顺市黄果树新创有限责任公司　　　2019 年 12 月 31 日　　　单位：元

摘　要	转出总账科目	金额	转入总账科目	金额
结出科目	本年利润			
转入科目			利润分配	

业务 118

安顺市黄果树新创有限责任公司利润分配决议

根据黄果树新创公司章程，本公司决定将本年净利润的 10%提取法定盈余公积金；经股东大会审核批准，向投资者分配利润 100 000. 00 元。

安顺市黄果树新创有限责任公司

2019 年 12 月 31 日

法定盈余公积金计提表

编制单位：安顺市黄果树新创有限责任公司　　　2019 年 12 月 31 日　　　单位：元

项　目	计提基数	计提比例	计提金额
备　注	计算结果，四舍五入，保留整数		

业务 119

利润分配计算表

编制单位：安顺市黄果树新创有限责任公司　　2019 年 12 月 31 日　　单位：元

投资人	分配比例	分配金额
合　计		

业务 120

利润分配明细结转表

编制单位：安顺市黄果树新创有限责任公司　　2019 年 12 月 31 日　　单位：元

摘　要	转出总账科目	金额	转入总账科目	金额
结出科目				
转入科目				

第四部分　财务会计报表实训

一、相关数据资料

表 4-1　2019 年 01 月—11 月份损益类账户累计发生额

编制单位：安顺市黄果树新创有限责任公司　　　　2019 年 12 月 31 日　　　　单位：元

总账	借方发生额	贷方发生额
主营业务收入		6,851,988.00
其他业务收入		106,000.00
投资收益		185,630.00
营业外收入		8,760.00
主营业务成本	3,959,786.00	
其他业务成本	98,200.00	
营业税金及附加	55,851.00	
销售费用	1,290,020.00	
管理费用	1,332,300.00	
财务费用	15,075.00	
资产减值损失	36,200.00	
营业外支出	10,550.00	

二、实训要求

1. 编制资产负债表。
2. 编制利润表。

三、实训资料

资产负债表

编制单位： 年 月 日 单位：元 会企 01 表

资 产	期末余额	期初余额	负债和所有者权益	期末余额	期初余额
流动资产：			流动负债：		
货币资金			短期借款		
交易性金融资产			交易性金融负债		
应收票据			应付票据		
应收账款			应付账款		
预付款项			预收款项		
应收利息			应付职工薪酬		
应收股利			应交税费		
其他应收款			应付福利费		
存货			应付股利		
一年内到期的非流动资产			其他应付款		
其他流动资产			一年内到期的非流动负债		
流动资产合计			其他流动负债		
非流动资产：			流动负债合计		
可供出售金融资产			非流动负债：		
持有至到期投资			长期借款		
长期应收款			应付债券		
长期股权投资			长期应付款		
投资性房地产			专项应付款		
固定资产原价					
减：累计折旧					
固定资产净值			预计负债		
减：固定资产减值准备			递延所得税负债		
固定资产净额			其他非流动负债		
在建工程			非流动负债合计		
工程物资			负债合计		
固定资产清理			所有者权益：		
无形资产			实收资本（或股本）		
开发支出			资本公积		
商誉			减：库存股		
长期待摊费用			盈余公积		

续表

资　产	期末余额	期初余额	负债和所有者权益	期末余额	期初余额
递延所得税资产			未分配利润		
其他非流动资产			所有者权益合计		
非流动资产合计					
资产总计			负债和所有者权益总计		

利润表

编制单位:　　　　　　　　　　年　　月　　　　　　　　单位:元　　会企 02 表

项　目	本期金额	本年累计
一、营业收入		
减:营业成本		
营业税金及附加		
销售费用		
管理费用		
财务费用		
资产减值损失		
加:公允价值变动收益(损失以"-"号填列)		
投资收益(损失以"-"号填列)		
其中:对联营企业和合营企业的投资收益		
二、营业利润(亏损以"-"号填列)		
加:营业外收入		
减:营业外支出		
其中:非流动资产处置损失		
三、利润总额(亏损总额以"-"号填列)		
减:所得税费用		
四、净利润(净亏损以"-"号填列)		

第五部分　纳税申报实训

一、实训目的

通过实训,使学生了解我国现行税收政策,熟悉纳税申报各个环节,掌握税收管理法律制度,使其学会纳税申报的填制程序和方法。以让学生真正掌握实践技能为目的,提高其对会计工作的胜任能力。

二、实训要求

(一)编制增值税申报表。
(二)编制增值税附征税费申报表。
(三)编制企业所得税申报表。

三、实训资料

见附表:
1. 增值税纳税申报表(适用于增值税一般纳税人)
2. 增值税纳税申报表附列资料(一)(本期销售情况明细)
3. 增值税纳税申报表附列资料(二)(本期进项税额明细)
4. 增值税纳税申报表附列资料(三)(服务、不动产和无形资产扣除项目明细)
5. 增值税纳税申报表附列资料(税额抵减情况表)
6. 本期抵扣进项税额结构明细表
7. 增值税减免税申报明细表
8. 固定资产进项税额抵扣情况表
9. 附加税(费)申报表
10. 税(费)通用申报表
11. 中华人民共和国企业所得税月(季)度预缴纳税申报表(A 类,2019 年版)

增值税纳税申报表(适用于增值税一般纳税人)

税款所属时间:自　　年　月　日至　　年　月　日

根据《中华人民共和国增值税暂行条例》第二十二条和第二十三条的规定制定本表。纳税人不论有无销售额,均应按主管税务机关核定的纳税期限按期填报本表,并于次月一日起十五日内,向当地税务机关申报。

纳税人识别号:　　　　　　　　　　　　　　　　　　　　金额单位:元至角分

纳税人名称:　　　　　　　　所属行业:　　　　　　　　填表日期:　　年　月　日

法定代表人(负责人)姓名		注册地址		生产经营地址	
开户银行	开户银行账号		企业登记注册类型		电话号码

项目		栏次	一般项目		即征即退项目	
			本月数	本年累计	本月数	本年累计
销售额	(一)按适用税率计算税务销售额	1				
	其中:应税货物销售额	2				
	应税劳务销售额	3				
	纳税检查调整的销售额	4				
	(二)按简易办法计算销售额	5				
	其中:纳税检查调整的销售额	6				
	(三)免、抵、退税办法出口销售额	7			—	—
	(四)免税货物及劳务销售额	8			—	—
	其中:免税货物销售额	9			—	—
	免税劳务销售额	10			—	—
税款计算	销项税额	11				
	进项税额	12				
	上期留抵税额	13		—		—
	进项税额转出	14				
	免、抵、退税应退税额	15			—	—
	按适用税率计算的纳税检查应补缴税额	16			—	—
	应抵扣税额合计	17=12+13-14-15+16		—		—
	实际抵扣税额	18(如17<11, 则为17,否则为11)				
	应纳税额	19=11-18				
	期末留抵税额	20=17-18		—		—
	按简易征收办法计算的应纳税额	21				
	按简易征收办法计算的纳税检查应补缴税额	22			—	—
	应纳税额减征额	23				
	应纳税额合计	24=19+21-23				

续表

项目		栏次	一般项目		即征即退项目	
			本月数	本年累计	本月数	本年累计
税款缴纳	期初未缴税额(多缴为负数)	25				
	实收出口开具专用缴款书退税额	26			—	—
	本期已缴税额	27＝28+29+30+31				
	①分次预缴税额	28		—		—
	②出口开具专用缴款书预缴税额	29		—	—	—
	③本期缴纳上期应纳税额	30				
	④本期缴纳欠缴税额	31				
	期末未缴税额(多缴为负数)	32＝24+25+26-27				
	其中:欠缴税额(≥0)	33＝25+26-27		—		—
	本期应补(退)税额	34＝24-28-29		—		—
	即征即退实际退税额	35	—	—		
	期初未缴查补税额	36			—	—
	本期入库查补税额	37			—	—
	期末未缴查补税额	38＝16+22+36-37			—	—

授权声明	申报人声明
如果你已委托代理人申报,请填写下列资料: 为代理一切税务事宜,现授权 (地址) 为本纳税人的代理申报人,任何与本申报表有关的往来文件,都可寄予此人。 授权人签字:	本纳税申报表是根据《中华人民共和国增值税暂行条例》的规定填报的,我相信它是真实的、可靠的、完整的。 声明人签字:

以下由税务机关填写:

收到日期: 接收人: 税务机关盖章:

增值税纳税申报表附列资料（一）（本期销售情况明细）

税款所属时间：　　年　月　日至　　年　月　日

纳税人名称：（公章）　　　　填表日期：　　年　月　日　　　　金额单位：元至角分

项目及栏次				开增值税专用发票		开具其他发票		未开具发票		纳税检查调整		合计			服务、不动产和无形资产扣除项目本期实际扣除金额	扣除后	
				销售额	销项（应纳）税额	销售额	销项（应纳）税额	销售额	销项（应纳）税额	销售额	销项（应纳）税额	销售额	销项（应纳）税额	价税合计		含税（免税）销售额	销项（应纳）税额
				1	2	3	4	5	6	7	8	9=1+3+5+7	10=2+4+6+8	11=9+10	12	13=11-12	14=13÷(100%+税率或征收率)×税率或征收率
一、一般计税方法计税	全部征税项目	13%税率的货物及加工修理修配劳务	1											—	—	—	—
		13%税率的服务、不动产和无形资产	2														
		9%税率	3											—	—	—	—
		9%税率	4														
		6%税率	5														
	其中：即征即退项目	即征即退货物及加工修理修配劳务	6	—	—	—	—	—	—	—	—			—	—	—	—
		即征即退服务、不动产和无形资产	7	—	—	—	—	—	—	—	—						

续表

项目及栏次				开增值税专用发票		开具其他发票		未开具发票		纳税检查调整		合计			服务、不动产和无形资产扣除项目本期实际扣除金额	扣除后	
				销售额	销项（应纳）税额	销售额	销项（应纳）税额	销售额	销项（应纳）税额	销售额	销项（应纳）税额、	销售额	销项（应纳）税额	价税合计		含税（免税）销售额	销项（应纳）税额
				1	2	3	4	5	6	7	8	9=1+3+5+7	10=2+4+6+8	11=9+10	12	13=11-12	14=13÷(100%+税率或征收率)×税率或征收率
二、简易计税方法计税	全部征税项目	6%征收率	8							—	—			—	—	—	—
		5%征收率的货物及加工修理修配劳务	9a							—	—			—	—	—	—
		5%征收率的服务、不动产和无形资产	9b							—	—						
		4%征收率	10							—	—			—	—	—	—
		3%征收率的货物及加工修理修配劳务	11							—	—			—	—	—	—
		3%征收率的服务、不动产和无形资产	12							—	—						
		预征率　%	13a							—	—						
		预征率　%	13b							—	—						
		预征率　%	13c							—	—						
	其中：即征即退项目	即征即退货物及加工修理修配劳务	14	—	—	—	—	—	—	—	—			—	—	—	—
		即征即退服务、不动产和无形资产	15	—	—	—	—	—	—	—	—						
三、免抵退税	货物及加工修理修配劳务		16	—	—		—		—	—	—		—	—	—	—	—
	服务、不动产和无形资产		17	—	—		—		—	—	—		—				—
四、免税	货物及加工修理修配劳务		18				—		—	—	—		—	—	—	—	—
	服务、不动产和无形资产		19	—	—		—		—	—	—		—				—

增值税纳税申报表附列资料（二）

（本期进项税额明细）

税款所属时间：　　年　月　日至　　年　月　日

纳税人名称：（公章）　　　　　　　　　　　　　　　　　　　　　　　　金额单位：元至角分

一、申报抵扣的进项税额				
项目	栏次	份数	金额	税额
（一）认证相符的增值税专用发票	1=2+3			
其中：本期认证相符且本期申报抵扣	2			
前期认证相符且本期申报抵扣	3			
（二）其他扣税凭证	4=5+6+7+8			
其中：海关进口增值税专用缴款书	5			
农产品收购发票或者销售发票	6			
代扣代缴税收缴款凭证	7		—	
加计扣除农产品进项税额	8a			
其他	8b			
（三）本期用于购建不动产的扣税凭证	9			
（四）本期不动产允许抵扣进项税额	10	—	—	
（五）外贸企业进项税额抵扣证明	11	—	—	
当期申报抵扣进项税额合计	12=1+4-9+10+11			
二、进项税额转出额				
项目	栏次	税额		
本期进项税额转出额	13=14至23之和			
其中：免税项目用	14			
集体福利、个人消费	15			
非正常损失	16			
简易计税方法征税项目	17			
免、抵、退税办法不得抵扣的进项税额	18			
纳税检查调减进项税额	19			
红字专用发票信息表注明的进项税额	20			
上期留抵税额抵减欠税	21			
上期留抵税额退税	22			
其他应作进项税额转出的情形	23			
三、待抵扣进项税额				
项目	栏次	份数	金额	税额
（一）认证相符的增值税专用发票	24	—	—	—
期初已认证相符但未申报抵扣	25			
本期认证相符且本期未申报抵扣	26			

续表

项目	栏次	份数	金额	税额
期末已认证相符但未申报抵扣	27			
其中：按照税法规定不允许抵扣	28			
（二）其他扣税凭证	29＝30至33之和			
其中：海关进口增值税专用缴款书	30			
农产品收购发票或者销售发票	31			
代扣代缴税收缴款凭证	32		—	
其他	33			
	34			
四、其他				
项目	栏次	份数	金额	税额
本期认证相符的增值税专用发票	35			
代扣代缴税额	36	—	—	

增值税纳税申报表附列资料（三）

（服务、不动产和无形资产扣除项目明细）

税款所属时间：　　年　月　日至　　年　月　日

纳税人名称：（公章）　　　　　　　　　　　　　　金额单位：元至角分

项目及栏次		本期服务、不动产和无形资产价税合计额（免税销售额）	服务、不动产和无形资产扣除项目				
			期初余额	本期发生额	本期应扣除金额	本期实际扣除金额	期末余额
		1	2	3	4＝2+3	5（5≤1且5≤4）	6＝4−5
13%税率的项目	1						
9%税率的项目	2						
6%税率的项目（不含金融商品转让）	3						
6%税率的金融商品转让项目	4						
5%征收率的项目	5						
3%征收率的项目	6						
免抵退税的项目	7						
免税的项目	8						

增值税纳税申报表附列资料（四）

（税额抵减情况表）

税款所属时间：　　年　月　日至　　年　月　日

纳税人名称（公章）：　　　　　　　　　　　　　　　　金额单位：元至角分

序号	抵减项目	期初余额	本期发生额	本期应抵减税额	本期实际抵减税额	期末余额
		1	2	3=1+2	4≤3	5=3-4
1	增值税税控系统专用设备费及技术维护费					
2	分支机构预征缴纳税款					
3	建筑服务预征缴纳税款					
4	销售不动产预征缴纳税款					
5	出租不动产预征缴纳税款					

二、加计抵减情况

序号	加计抵减项目	期初余额	本期发生额	本期调减额	本期可抵减额	本期实际抵减额	期末余额
		1	2	3	4=1+2-3	5	6=4-5
6	一般项目加计抵减额计算						
7	即征即退加计抵减额计算						
8	合计						

本期抵扣进项税额结构明细表

税款所属时间：　　年　月　日至　　年　月　日

纳税人名称（公章）：　　　　　　　　　　　　　　　　金额单位：元至角分

项目	栏次	金额	税额
合　计	1=2+4+5+11+16+18+27+29+30		
一、按税率或征收率归集（不包括购建不动产、通行费）的进项			
13%税率的进项	2		
其中：有形动产租赁的进项	3		
	4		
9%税率的进项	5		
其中：运输服务的进项	6		
电信服务的进项	7		
建筑安装服务的进项	8		
不动产租赁服务的进项	9		
受让土地使用权的进项	10		

续表

6%税率的进项	11		
其中：电信服务的进项	12		
金融保险服务的进项	13		
生活服务的进项	14		
取得无形资产的进项	15		
5%征收率的进项	16		
其中：不动产租赁服务的进项	17		
3%征收率的进项	18		
其中：货物及加工、修理修配劳务的进项	19		
运输服务的进项	20		
电信服务的进项	21		
建筑安装服务的进项	22		
金融保险服务的进项	23		
有形动产租赁服务的进项	24		
生活服务的进项	25		
取得无形资产的进项	26		
减按1.5%征收率的进项	27		
	28		
二、按抵扣项目归集的进项			
用于购建不动产并一次性抵扣的进项	29		
通行费的进项	30		

增值税减免税申报明细表

税款所属时间：自　　年　月　日至　　年　月　日

纳税人名称（公章）：　　　　填表日期：　　　　金额单位：元至角分

一、减税项目						
减税性质代码及名称	栏次	期初余额	本期发生额	本期应抵减税额	本期实际抵减税额	期末余额
		1	2	3=1+2	4≤3	5=3-4
合计	1					
	2					
	3					
	4					
	5					
6						

续表

二、免税项目						
免税性质代码及名称	栏次	免征增值税项目销售额	免税销售额扣除项目本期实际扣除金额	扣除后免税销售额	免税销售额对应的进项税额	免税额
		1	2	3=1-2	4	5
合计	7					
出口免税	8		—	—	—	—
其中：跨境服务	9		—	—	—	—
	10					
	11					
	12					
	13					
	14					
	15					
	16					

固定资产进项税额抵扣情况表

纳税人识别号： 纳税人名称（公章）：

填表日期： 年 月 日 金额单位：元至角分

项目	当期申报抵扣的固定资产进项税额	当期申报抵扣的固定资产进项税额累计
增值税专用发票		
海关进口增值税专用缴款书		
合 计		

附加税（费）申报表

税源编号	征收项目	征收品目	计税依据	税率	本期应纳税额	减免税额	本期应补（退）税额
	地方教育附加	增值税地方教育附加		0.0200			
	教育费附加	增值税教育费附加		0.0300			

税（费）通用申报表

纳税人识别号：　　　纳税人名称：　　　填表日期：　　年　月　日　　　单位：元

征收项目	征收品目	征收子目	税（费）款所属期起	税（费）款所属期止	收入总额数量（原值、面积、缴费基数等）	减除项	应税所得率	计税（费）依据	税（费）率或单位税额	速算扣除数	本期应纳税（费）额	减免性质	减免税（费）额	本期已缴税（费）额	本期应补（退）税（费）额	主税备注信息
城市维护建设税	市区（增值税附征）								0.0700							
其他收入	工会经费															

A200000　中华人民共和国企业所得税月（季）度预缴纳税申报表（A类）

税款所属期间：　　年　月　日至　　年　月　日

纳税人识别号（统一社会信用代码）：□□□□□□□□□□□□□□□□□□□□

纳税人名称：　　　　　　　　金额单位：人民币元（列至角分）

预缴方式	□ 按照实际利润额预缴	□ 按照上一纳税年度应纳税所得额平均额预缴	□ 按照税务机关确定的其他方法预缴
企业类型	□ 一般企业	□ 跨地区经营汇总纳税企业总机构	□ 跨地区经营汇总纳税企业分支机构

预缴税款计算

行次	项　目	本年累计金额
1	营业收入	
2	营业成本	
3	利润总额	
4	加：特定业务计算的应纳税所得额	
5	减：不征税收入	
6	减：免税收入、减计收入、所得减免等优惠金额（填写 A201010）	
7	减：固定资产加速折旧（扣除）调减额（填写 A201020）	
8	减：弥补以前年度亏损	
9	实际利润额（3+4-5-6-7-8） \ 按照上一纳税年度应纳税所得额平均额确定的应纳税所得额	
10	税率（25%）	

续表

<table>
<tr><td>11</td><td colspan="2">应纳所得税额（9×10）</td><td></td></tr>
<tr><td>12</td><td colspan="2">减：减免所得税额（填写 A201030）</td><td></td></tr>
<tr><td>13</td><td colspan="2">减：实际已缴纳所得税额</td><td></td></tr>
<tr><td>14</td><td colspan="2">减：特定业务预缴（征）所得税额</td><td></td></tr>
<tr><td>15</td><td colspan="2">本期应补（退）所得税额（11-12-13-14）\ 税务机关确定的本期应纳所得税额</td><td></td></tr>
<tr><td colspan="4">汇总纳税企业总分机构税款计算</td></tr>
<tr><td>16</td><td rowspan="4">总机构填报</td><td>总机构本期分摊应补（退）所得税额（17+18+19）</td><td></td></tr>
<tr><td>17</td><td>其中：总机构分摊应补（退）所得税额（15×总机构分摊比例__%）</td><td></td></tr>
<tr><td>18</td><td>财政集中分配应补（退）所得税额（15×财政集中分配比例__%）</td><td></td></tr>
<tr><td>19</td><td>总机构具有主体生产经营职能的部门分摊所得税额（15×全部分支机构分摊比例__%×总机构具有主体生产经营职能部门分摊比例__%）</td><td></td></tr>
<tr><td>20</td><td rowspan="2">分支机构填报</td><td>分支机构本期分摊比例</td><td></td></tr>
<tr><td>21</td><td>分支机构本期分摊应补（退）所得税额</td><td></td></tr>
</table>

<table>
<tr><td colspan="4">附报信息</td></tr>
<tr><td>高新技术企业</td><td>□是 □否</td><td>科技型中小企业</td><td>□是 □否</td></tr>
<tr><td>技术入股递延纳税事项</td><td>□是 □否</td><td></td><td></td></tr>
<tr><td colspan="4">按 季 度 填 报 信 息</td></tr>
<tr><td>季初从业人数</td><td></td><td>季末从业人数</td><td></td></tr>
<tr><td>季初资产总额（万元）</td><td></td><td>季末资产总额（万元）</td><td></td></tr>
<tr><td>国家限制或禁止行业</td><td>□是 □否</td><td>小型微利企业</td><td>□是 □否</td></tr>
<tr><td colspan="4">谨声明：本纳税申报表是根据国家税收法律法规及相关规定填报的，是真实的、可靠的、完整的。
纳税人（签章）：　　　　年　月　日</td></tr>
<tr><td colspan="2">经办人：
经办人身份证号：
代理机构签章：
代理机构统一社会信用代码：</td><td colspan="2">受理人：
受理税务机关（章）：
受理日期：　年　月　日</td></tr>
</table>

国家税务总局监制

附录一　纳税申报表填表说明

《增值税纳税申报表（一般纳税人适用）》及其附列资料填写说明

本纳税申报表及其附列资料填写说明（以下简称本表及填写说明）适用于增值税一般纳税人（以下简称纳税人）。

一、名词解释

（一）本表及填写说明所称“货物”，是指增值税的应税货物。

（二）本表及填写说明所称“劳务”，是指增值税的应税加工、修理、修配劳务。

（三）本表及填写说明所称“服务、不动产和无形资产”，是指销售服务、不动产和无形资产。

（四）本表及填写说明所称“按适用税率计税”“按适用税率计算”和“一般计税方法”，均指按“应纳税额=当期销项税额-当期进项税额”公式计算增值税应纳税额的计税方法。

（五）本表及填写说明所称“按简易办法计税”“按简易征收办法计算”和“简易计税方法”，均指按“应纳税额=销售额×征收率”公式计算增值税应纳税额的计税方法。

（六）本表及填写说明所称“扣除项目”，是指纳税人销售服务、不动产和无形资产，在确定销售额时，按照有关规定允许其从取得的全部价款和价外费用中扣除价款的项目。

二、《增值税纳税申报表（一般纳税人适用）》填写说明

（一）“税款所属时间”：指纳税人申报的增值税应纳税额的所属时间，应填写具体的起止年、月、日。

（二）“填表日期”：指纳税人填写本表的具体日期。

（三）“纳税人识别号”：填写纳税人的税务登记证件号码（统一社会信用代码）。

（四）“所属行业”：按照国民经济行业分类与代码中的小类行业填写。

（五）“纳税人名称”：填写纳税人单位名称全称。

（六）“法定代表人姓名”：填写纳税人法定代表人的姓名。

（七）“注册地址”：填写纳税人税务登记证件所注明的详细地址。

（八）“生产经营地址”：填写纳税人实际生产经营地的详细地址。

（九）“开户银行及账号”：填写纳税人开户银行的名称和纳税人在该银行的结算账户号码。

（十）“登记注册类型”：按纳税人税务登记证件的栏目内容填写。

（十一）“电话号码”：填写可联系到纳税人的常用电话号码。

（十二）“即征即退项目”列：填写纳税人按规定享受增值税即征即退政策的货物、劳务和服务、不动产、无形资产的征（退）税数据。

（十三）“一般项目”列：填写除享受增值税即征即退政策以外的货物、劳务和服务、不动产、无形资产的征（免）税数据。

（十四）“本年累计”列：一般填写本年度内各月“本月数”之和。其中，第13、20、25、32、36、38栏及第18栏“实际抵扣税额”“一般项目”列的“本年累计”分别按本填写说明第（二十七）（三十四）（三十九）（四十六）（五十）（五十二）（三十二）条要求填写。

（十五）第1栏“（一）按适用税率计税销售额”：填写纳税人本期按一般计税方法计算缴纳增值税的销售额，包含：在财务上不作销售但按税法规定应缴纳增值税的视同销售和价外费用的销售额；外贸企业作价销售进料加工复出口货物的销售额；税务、财政、审计部门检查后按一般计税方法计算调整的销售额。

营业税改征增值税的纳税人，服务、不动产和无形资产有扣除项目的，本栏应填写扣除之前的不含税销售额。

本栏“一般项目”列“本月数”=《附列资料（一）》第9列第1至5行之和-第9列第6、7行之和；

本栏“即征即退项目”列“本月数”=《附列资料（一）》第9列第6、7行之和。

（十六）第2栏“其中：应税货物销售额”：填写纳税人本期按适用税率计算增值税的应税货物的销售额。包含在财务上不作销售但按税法规定应缴纳增值税的视同销售货物和价外费用销售额，以及外贸企业作价销售进料加工复出口货物的销售额。

（十七）第3栏“应税劳务销售额”：填写纳税人本期按适用税率计算增值税的应税劳务的销售额。

（十八）第4栏“纳税检查调整的销售额”：填写纳税人因税务、财政、审计部门检查，并按一般计税方法在本期计算调整的销售额。但享受增值税即征即退政策的货物、劳务和服务、不动产、无形资产，经纳税检查属于偷税的，不填入“即征即退项目”列，而应填入“一般项目”列。

营业税改征增值税的纳税人，服务、不动产和无形资产有扣除项目的，本栏应填写扣除之前的不含税销售额。

本栏“一般项目”列“本月数”=《附列资料（一）》第7列第1至5行之和。

（十九）第5栏“按简易办法计税销售额”：填写纳税人本期按简易计税方法计算增值税的销售额。包含纳税检查调整按简易计税方法计算增值税的销售额。

营业税改征增值税的纳税人，服务、不动产和无形资产有扣除项目的，本栏应填写扣除之前的不含税销售额；服务、不动产和无形资产按规定汇总计算缴纳增值税的分支机构，其当期按预征率计算缴纳增值税的销售额也填入本栏。

本栏“一般项目”列“本月数”≥《附列资料（一）》第9列第8至13b行之和-第9列第14、15行之和；

本栏“即征即退项目”列“本月数”≥《附列资料（一）》第9列第14、15行之和。

（二十）第6栏“其中：纳税检查调整的销售额”：填写纳税人因税务、财政、审计部门检查，并按简易计税方法在本期计算调整的销售额。但享受增值税即征即退政策的货物、劳务和服务、不动产、无形资产，经纳税检查属于偷税的，不填入“即征即退项目”列，而应填入“一般项目”列。

营业税改征增值税的纳税人，服务、不动产和无形资产有扣除项目的，本栏应填写扣除之前的不含税销售额。

（二十一）第7栏“免、抵、退办法出口销售额”：填写纳税人本期适用免、抵、退税办法的出口货物、劳务和服务、无形资产的销售额。

营业税改征增值税的纳税人，服务、无形资产有扣除项目的，本栏应填写扣除之前的销售额。

本栏“一般项目”列“本月数”=《附列资料（一）》第9列第16、17行之和。

（二十二）第8栏“免税销售额”：填写纳税人本期按照税法规定免征增值税的销售额和适用零税率的销售额，但零税率的销售额中不包括适用免、抵、退税办法的销售额。

营业税改征增值税的纳税人，服务、不动产和无形资产有扣除项目的，本栏应填写扣除之前的免税销售额。

本栏“一般项目”列“本月数”=《附列资料（一）》第9列第18、19行之和。

（二十三）第9栏“其中：免税货物销售额”：填写纳税人本期按照税法规定免征增值税的货物销售额及适用零税率的货物销售额，但零税率的销售额中不包括适用免、抵、退税办法出口货物的销售额。

（二十四）第10栏“免税劳务销售额”：填写纳税人本期按照税法规定免征增值税的劳务销售额及适用零税率的劳务销售额，但零税率的销售额中不包括适用免、抵、退税办法的劳务的销售额。

（二十五）第11栏“销项税额”：填写纳税人本期按一般计税方法计税的货物、劳务和服务、不动产、无形资产的销项税额。

营业税改征增值税的纳税人，服务、不动产和无形资产有扣除项目的，本栏应填写扣除之后的销项税额。

本栏“一般项目”列“本月数”=《附列资料（一）》（第10列第1、3行之和-第10列第6行）+（第14列第2、4、5行之和-第14列第7行）；

本栏“即征即退项目”列“本月数”=《附列资料（一）》第10列第6行+第14列第7行。

（二十六）第12栏“进项税额”：填写纳税人本期申报抵扣的进项税额。

本栏“一般项目”列“本月数”+“即征即退项目”列“本月数”=《附列资料（二）》第12栏“税额”。

（二十七）第13栏“上期留抵税额”：“本月数”按上一税款所属期申报表第20栏“期末留抵税额”“本月数”填写。本栏“一般项目”列“本年累计”不填写。

（二十八）第14栏“进项税额转出”：填写纳税人已经抵扣，但按税法规定本期应转出的进项税额。

本栏“一般项目”列“本月数”+“即征即退项目”列“本月数”=《附列资料

(二）》第13栏“税额”。

（二十九）第15栏“免、抵、退应退税额”：反映税务机关退税部门按照出口货物、劳务和服务、无形资产免、抵、退办法审批的增值税应退税额。

（三十）第16栏“按适用税率计算的纳税检查应补缴税额”：填写税务、财政、审计部门检查，按一般计税方法计算的纳税检查应补缴的增值税税额。

本栏“一般项目”列“本月数”≤《附列资料（一）》第8列第1至5行之和+《附列资料（二）》第19栏。

（三十一）第17栏“应抵扣税额合计”：填写纳税人本期应抵扣进项税额的合计数。按表中所列公式计算填写。

（三十二）第18栏“实际抵扣税额”：“本月数”按表中所列公式计算填写。本栏“一般项目”列“本年累计”不填写。

（三十三）第19栏“应纳税额”：反映纳税人本期按一般计税方法计算并应缴纳的增值税额。

1. 适用加计抵减政策的纳税人，按以下公式填写。

本栏“一般项目”列“本月数”=第11栏“销项税额”“一般项目”列“本月数”-第18栏“实际抵扣税额”“一般项目”列“本月数”-“实际抵减额”；

本栏“即征即退项目”列“本月数”=第11栏“销项税额”“即征即退项目”列“本月数”-第18栏“实际抵扣税额”“即征即退项目”列“本月数”-“实际抵减额”。

适用加计抵减政策的纳税人是指，按照规定计提加计抵减额，并可从本期适用一般计税方法计算的应纳税额中抵减的纳税人（下同）。“实际抵减额”是指按照规定可从本期适用一般计税方法计算的应纳税额中抵减的加计抵减额，分别对应《附列资料（四）》第6行“一般项目加计抵减额计算”、第7行“即征即退项目加计抵减额计算”的“本期实际抵减额”列。

2. 其他纳税人按表中所列公式填写。

（三十四）第20栏“期末留抵税额”：“本月数”按表中所列公式填写。本栏“一般项目”列“本年累计”不填写。

（三十五）第21栏“简易计税办法计算的应纳税额”：反映纳税人本期按简易计税方法计算并应缴纳的增值税额，但不包括按简易计税方法计算的纳税检查应补缴税额。按以下公式计算填写：

本栏“一般项目”列“本月数”=《附列资料（一）》（第10列第8、9a、10、11行之和-第10列第14行）+（第14列第9b、12、13a、13b行之和-第14列第15行）；

本栏“即征即退项目”列“本月数”=《附列资料（一）》第10列第14行+第14列第15行。

营业税改征增值税的纳税人，服务、不动产和无形资产按规定汇总计算缴纳增值税的分支机构，应将预征增值税额填入本栏。预征增值税额=应预征增值税的销售额×预征率。

（三十六）第22栏“按简易计税办法计算的纳税检查应补缴税额”：填写纳税人本期因税务、财政、审计部门检查并按简易计税方法计算的纳税检查应补缴税额。

（三十七）第23栏“应纳税额减征额”：填写纳税人本期按照税法规定减征的增值税

应纳税额。包含按照规定可在增值税应纳税额中全额抵减的增值税税控系统专用设备费用以及技术维护费。

当本期减征额小于或等于第19栏“应纳税额”与第21栏“简易计税办法计算的应纳税额”之和时，按本期减征额实际填写；当本期减征额大于第19栏“应纳税额”与第21栏“简易计税办法计算的应纳税额”之和时，按本期第19栏与第21栏之和填写。本期减征额不足抵减部分结转下期继续抵减。

（三十八）第24栏“应纳税额合计”：反映纳税人本期应缴增值税的合计数。按表中所列公式计算填写。

（三十九）第25栏“期初未缴税额（多缴为负数）”：“本月数”按上一税款所属期申报表第32栏“期末未缴税额（多缴为负数）”“本月数”填写。“本年累计”按上年度最后一个税款所属期申报表第32栏“期末未缴税额（多缴为负数）”“本年累计”填写。

（四十）第26栏“实收出口开具专用缴款书退税额”：本栏不填写。

（四十一）第27栏“本期已缴税额”：反映纳税人本期实际缴纳的增值税额，但不包括本期入库的查补税款。按表中所列公式计算填写。

（四十二）第28栏“①分次预缴税额”：填写纳税人本期已缴纳的准予在本期增值税应纳税额中抵减的税额。

营业税改征增值税的纳税人，分以下几种情况填写：

1. 服务、不动产和无形资产按规定汇总计算缴纳增值税的总机构，其可以从本期增值税应纳税额中抵减的分支机构已缴纳的税款，按当期实际可抵减数填入本栏，不足抵减部分结转下期继续抵减。

2. 销售建筑服务并按规定预缴增值税的纳税人，其可以从本期增值税应纳税额中抵减的已缴纳的税款，按当期实际可抵减数填入本栏，不足抵减部分结转下期继续抵减。

3. 销售不动产并按规定预缴增值税的纳税人，其可以从本期增值税应纳税额中抵减的已缴纳的税款，按当期实际可抵减数填入本栏，不足抵减部分结转下期继续抵减。

4. 出租不动产并按规定预缴增值税的纳税人，其可以从本期增值税应纳税额中抵减的已缴纳的税款，按当期实际可抵减数填入本栏，不足抵减部分结转下期继续抵减。

（四十三）第29栏“②出口开具专用缴款书预缴税额”：本栏不填写。

（四十四）第30栏“③本期缴纳上期应纳税额”：填写纳税人本期缴纳上一税款所属期应缴未缴的增值税额。

（四十五）第31栏“④本期缴纳欠缴税额”：反映纳税人本期实际缴纳和留抵税额抵减的增值税欠税额，但不包括缴纳入库的查补增值税额。

（四十六）第32栏“期末未缴税额（多缴为负数）”：“本月数”反映纳税人本期期末应缴未缴的增值税额，但不包括纳税检查应缴未缴的税额。按表中所列公式计算填写。“本年累计”与“本月数”相同。

（四十七）第33栏“其中：欠缴税额（≥0）”：反映纳税人按照税法规定已形成欠税的增值税额。按表中所列公式计算填写。

（四十八）第34栏“本期应补（退）税额”：反映纳税人本期应纳税额中应补缴或应退回的数额。按表中所列公式计算填写。

（四十九）第35栏“即征即退实际退税额”：反映纳税人本期因符合增值税即征即退政策规定，而实际收到的税务机关退回的增值税额。

（五十）第36栏“期初未缴查补税额”：“本月数”按上一税款所属期申报表第38栏“期末未缴查补税额”“本月数”填写。“本年累计”按上年度最后一个税款所属期申报表第38栏“期末未缴查补税额”“本年累计”填写。

（五十一）第37栏“本期入库查补税额”：反映纳税人本期因税务、财政、审计部门检查而实际入库的增值税额，包括按一般计税方法计算并实际缴纳的查补增值税额和按简易计税方法计算并实际缴纳的查补增值税额。

（五十二）第38栏“期末未缴查补税额”：“本月数”反映纳税人接受纳税检查后应在本期期末缴纳而未缴纳的查补增值税额。按表中所列公式计算填写，“本年累计”与“本月数”相同。

三、《增值税纳税申报表附列资料（一）》（本期销售情况明细）填写说明

（一）“税款所属时间”“纳税人名称”的填写同《增值税纳税申报表（一般纳税人适用）》（以下简称主表）。

（二）各列说明

1. 第1至2列“开具增值税专用发票”：反映本期开具增值税专用发票（含税控机动车销售统一发票，下同）的情况。

2. 第3至4列“开具其他发票”：反映除增值税专用发票以外本期开具的其他发票的情况。

3. 第5至6列“未开具发票”：反映本期未开具发票的销售情况。

4. 第7至8列“纳税检查调整”：反映经税务、财政、审计部门检查并在本期调整的销售情况。

5. 第9至11列“合计”：按照表中所列公式填写。

营业税改征增值税的纳税人，服务、不动产和无形资产有扣除项目的，第1至11列应填写扣除之前的征（免）税销售额、销项（应纳）税额和价税合计额。

6. 第12列“服务、不动产和无形资产扣除项目本期实际扣除金额”：营业税改征增值税的纳税人，服务、不动产和无形资产有扣除项目的，按《附列资料（三）》第5列对应各行次数据填写，其中本列第5栏等于《附列资料（三）》第5列第3行与第4行之和；服务、不动产和无形资产无扣除项目的，本列填写“0”。其他纳税人不填写。

营业税改征增值税的纳税人，服务、不动产和无形资产按规定汇总计算缴纳增值税的分支机构，当期服务、不动产和无形资产有扣除项目的，填入本列第13行。

7. 第13列“扣除后”“含税（免税）销售额”：营业税改征增值税的纳税人，服务、不动产和无形资产有扣除项目的，本列各行次=第11列对应各行次-第12列对应各行次。其他纳税人不填写。

8. 第14列“扣除后”“销项（应纳）税额”：营业税改征增值税的纳税人，按以下要求填写本列，其他纳税人不填写。

（1）服务、不动产和无形资产按照一般计税方法计税

本列第 2 行、第 4 行：若本行第 12 列为 0，则该行次第 14 列等于第 10 列。若本行第 12 列不为 0，则仍按照第 14 列所列公式计算。计算后的结果与纳税人实际计提销项税额有差异的，按实际填写。

本列第 5 行 = 第 13 列÷（100%+对应行次税率）×对应行次税率。

本列第 7 行“按一般计税方法计税的即征即退服务、不动产和无形资产”具体填写要求见“各行说明”第 2 条第（2）项第③点的说明。

（2）服务、不动产和无形资产按照简易计税方法计税

本列各行次 = 第 13 列÷（100%+对应行次征收率）×对应行次征收率。

本列第 13 行“预征率 %”不按本列的说明填写。具体填写要求见“各行说明”第 4 条第（2）项。

（3）服务、不动产和无形资产实行免抵退税或免税的，本列不填写。

（三）各行说明

1. 第 1 至 5 行“一、一般计税方法计税”“全部征税项目”各行：按不同税率和项目分别填写按一般计税方法计算增值税的全部征税项目。有即征即退征税项目的纳税人，本部分数据中既包括即征即退征税项目，又包括不享受即征即退政策的一般征税项目。

2. 第 6 至 7 行“一、一般计税方法计税”“其中：即征即退项目”各行：只反映按一般计税方法计算增值税的即征即退项目。按照税法规定不享受即征即退政策的纳税人，不填写本行。即征即退项目是全部征税项目的其中数。

（1）第 6 行“即征即退货物及加工修理修配劳务”：反映按一般计税方法计算增值税且享受即征即退政策的货物和加工修理修配劳务。本行不包括服务、不动产和无形资产的内容。

①本行第 9 列“合计”“销售额”栏：反映按一般计税方法计算增值税且享受即征即退政策的货物及加工修理修配劳务的不含税销售额。该栏不按第 9 列所列公式计算，应按照税法规定据实填写。

②本行第 10 列“合计”“销项（应纳）税额”栏：反映按一般计税方法计算增值税且享受即征即退政策的货物及加工修理修配劳务的销项税额。该栏不按第 10 列所列公式计算，应按照税法规定据实填写。

（2）第 7 行“即征即退服务、不动产和无形资产”：反映按一般计税方法计算增值税且享受即征即退政策的服务、不动产和无形资产。本行不包括货物及加工修理修配劳务的内容。

①本行第 9 列“合计”“销售额”栏：反映按一般计税方法计算增值税且享受即征即退政策的服务、不动产和无形资产的不含税销售额。服务、不动产和无形资产有扣除项目的，按扣除之前的不含税销售额填写。该栏不按第 9 列所列公式计算，应按照税法规定据实填写。

②本行第 10 列“合计”“销项（应纳）税额”栏：反映按一般计税方法计算增值税且享受即征即退政策的服务、不动产和无形资产的销项税额。服务、不动产和无形资产有扣除项目的，按扣除之前的销项税额填写。该栏不按第 10 列所列公式计算，应按照税法规定据实填写。

③本行第14列“扣除后”“销项（应纳）税额”栏：反映按一般计税方法征收增值税且享受即征即退政策的服务、不动产和无形资产实际应计提的销项税额。服务、不动产和无形资产有扣除项目的，按扣除之后的销项税额填写；服务、不动产和无形资产无扣除项目的，按本行第10列填写。该栏不按第14列所列公式计算，应按照税法规定据实填写。

3. 第8至12行“二、简易计税方法计税”“全部征税项目”各行：按不同征收率和项目分别填写按简易计税方法计算增值税的全部征税项目。有即征即退征税项目的纳税人，本部分数据中既包括即征即退项目，也包括不享受即征即退政策的一般征税项目。

4. 第13a至13c行“二、简易计税方法计税”“预征率%”：反映营业税改征增值税的纳税人，服务、不动产和无形资产按规定汇总计算缴纳增值税的分支机构，预征增值税销售额、预征增值税应纳税额。其中，第13a行“预征率%”适用于所有实行汇总计算缴纳增值税的分支机构纳税人；第13b、13c行“预征率%”适用于部分实行汇总计算缴纳增值税的铁路运输纳税人。

（1）第13a至13c行第1至6列按照销售额和销项税额的实际发生数填写。

（2）第13a至13c行第14列，纳税人按“应预征缴纳的增值税=应预征增值税销售额×预征率”公式计算后据实填写。

5. 第14至15行“二、简易计税方法计税”“其中：即征即退项目”各行：只反映按简易计税方法计算增值税的即征即退项目。按照税法规定不享受即征即退政策的纳税人，不填写本行。即征即退项目是全部征税项目的其中数。

（1）第14行“即征即退货物及加工修理修配劳务”：反映按简易计税方法计算增值税且享受即征即退政策的货物及加工修理修配劳务。本行不包括服务、不动产和无形资产的内容。

①本行第9列“合计”“销售额”栏：反映按简易计税方法计算增值税且享受即征即退政策的货物及加工修理修配劳务的不含税销售额。该栏不按第9列所列公式计算，应按照税法规定据实填写。

②本行第10列“合计”“销项（应纳）税额”栏：反映按简易计税方法计算增值税且享受即征即退政策的货物及加工修理修配劳务的应纳税额。该栏不按第10列所列公式计算，应按照税法规定据实填写。

（2）第15行“即征即退服务、不动产和无形资产”：反映按简易计税方法计算增值税且享受即征即退政策的服务、不动产和无形资产。本行不包括货物及加工修理修配劳务的内容。

①本行第9列“合计”“销售额”栏：反映按简易计税方法计算增值税且享受即征即退政策的服务、不动产和无形资产的不含税销售额。服务、不动产和无形资产有扣除项目的，按扣除之前的不含税销售额填写。该栏不按第9列所列公式计算，应按照税法规定据实填写。

②本行第10列“合计”“销项（应纳）税额”栏：反映按简易计税方法计算增值税且享受即征即退政策的服务、不动产和无形资产的应纳税额。服务、不动产和无形资产有扣除项目的，按扣除之前的应纳税额填写。该栏不按第10列所列公式计算，应按照税法

规定据实填写。

③本行第14列“扣除后”“销项（应纳）税额”栏：反映按简易计税方法计算增值税且享受即征即退政策的服务、不动产和无形资产实际应计提的应纳税额。服务、不动产和无形资产有扣除项目的，按扣除之后的应纳税额填写；服务、不动产和无形资产无扣除项目的，按本行第10列填写。

6. 第16行“三、免抵退税”“货物及加工修理修配劳务”：反映适用免、抵、退税政策的出口货物、加工修理修配劳务。

7. 第17行“三、免抵退税”“服务、不动产和无形资产”：反映适用免、抵、退税政策的服务、不动产和无形资产。

8. 第18行“四、免税”“货物及加工修理修配劳务”：反映按照税法规定免征增值税的货物及劳务和适用零税率的出口货物及劳务，但零税率的销售额中不包括适用免、抵、退税办法的出口货物及劳务。

9. 第19行“四、免税”“服务、不动产和无形资产”：反映按照税法规定免征增值税的服务、不动产、无形资产和适用零税率的服务、不动产、无形资产，但零税率的销售额中不包括适用免、抵、退税办法的服务、不动产和无形资产。

四、《增值税纳税申报表附列资料（二）》（本期进项税额明细）填写说明

（一）“税款所属时间”“纳税人名称”的填写同主表。

（二）第1至12栏“一、申报抵扣的进项税额”：分别反映纳税人按税法规定符合抵扣条件，在本期申报抵扣的进项税额。

1. 第1栏“（一）认证相符的增值税专用发票”：反映纳税人取得的认证相符本期申报抵扣的增值税专用发票情况。该栏应等于第2栏“本期认证相符且本期申报抵扣”与第3栏“前期认证相符且本期申报抵扣”数据之和。适用取消增值税发票认证规定的纳税人，通过增值税发票选择确认平台选择用于抵扣的增值税专用发票，视为“认证相符”（下同）。

2. 第2栏“其中：本期认证相符且本期申报抵扣”：反映本期认证相符且本期申报抵扣的增值税专用发票的情况。本栏是第1栏的其中数，本栏只填写本期认证相符且本期申报抵扣的部分。

3. 第3栏“前期认证相符且本期申报抵扣”：反映前期认证相符且本期申报抵扣的增值税专用发票的情况。

辅导期纳税人依据税务机关告知的稽核比对结果通知书及明细清单注明的稽核相符的增值税专用发票填写本栏。本栏是第1栏的其中数。

纳税人本期申报抵扣的收费公路通行费增值税电子普通发票（以下简称通行费电子发票）应当填写在第1至3栏对应栏次中。

第1至3栏中涉及的增值税专用发票均不包含从小规模纳税人处购进农产品时取得的专用发票，但购进农产品未分别核算用于生产销售13%税率货物和其他货物服务的农产品进项税额情况除外。

4. 第4栏“（二）其他扣税凭证”：反映本期申报抵扣的除增值税专用发票之外的其

他扣税凭证的情况。具体包括：海关进口增值税专用缴款书、农产品收购发票或者销售发票（含农产品核定扣除的进项税额）、代扣代缴税收完税凭证、加计扣除农产品进项税额和其他符合政策规定的扣税凭证。该栏应等于第5至8b栏之和。

5. 第5栏“海关进口增值税专用缴款书”：反映本期申报抵扣的海关进口增值税专用缴款书的情况。按规定执行海关进口增值税专用缴款书先比对后抵扣的，纳税人需依据税务机关告知的稽核比对结果通知书及明细清单注明的稽核相符的海关进口增值税专用缴款书填写本栏。

6. 第6栏“农产品收购发票或者销售发票”：反映纳税人本期购进农业生产者自产农产品取得（开具）的农产品收购发票或者销售发票情况。从小规模纳税人处购进农产品时取得增值税专用发票情况填写在本栏，但购进农产品未分别核算用于生产销售13%税率货物和其他货物服务的农产品进项税额情况除外。

“税额”栏＝农产品销售发票或者收购发票上注明的农产品买价×9%+增值税专用发票上注明的金额×9%。

上述公式中的“增值税专用发票”是指纳税人从小规模纳税人处购进农产品时取得的专用发票。

执行农产品增值税进项税额核定扣除办法的，填写当期允许抵扣的农产品增值税进项税额，不填写“份数”“金额”。

7. 第7栏“代扣代缴税收缴款凭证”：填写本期按规定准予抵扣的完税凭证上注明的增值税额。

8. 第8a栏“加计扣除农产品进项税额”：填写纳税人将购进的农产品用于生产销售或委托受托加工13%税率货物时加计扣除的农产品进项税额。该栏不填写“份数”“金额”。

9. 第8b栏“其他”：反映按规定本期可以申报抵扣的其他扣税凭证情况。

纳税人按照规定不得抵扣且未抵扣进项税额的固定资产、无形资产、不动产，发生用途改变，用于允许抵扣进项税额的应税项目，可在用途改变的次月将按公式计算出的可以抵扣的进项税额，填入本栏“税额”中。

10. 第9栏“（三）本期用于购建不动产的扣税凭证”：反映按规定本期用于购建不动产的扣税凭证上注明的金额和税额。

购建不动产是指纳税人2016年5月1日后取得并在会计制度上按固定资产核算的不动产或者2016年5月1日后取得的不动产在建工程。取得不动产，包括以直接购买、接受捐赠、接受投资入股、自建以及抵债等各种形式取得不动产，不包括房地产开发企业自行开发的房地产项目。

本栏次包括第1栏中本期用于购建不动产的增值税专用发票和第4栏中本期用于购建不动产的其他扣税凭证。

本栏“金额”“税额”≥0。

11. 第10栏“（四）本期用于抵扣的旅客运输服务扣税凭证”：反映按规定本期购进旅客运输服务，所取得的扣税凭证上注明或按规定计算的金额和税额。

本栏次包括第1栏中按规定本期允许抵扣的购进旅客运输服务取得的增值税专用发票

和第4栏中按规定本期允许抵扣的购进旅客运输服务取得的其他扣税凭证。

本栏“金额”“税额”≥0。

第9栏“（三）本期用于购建不动产的扣税凭证”+第10栏“（四）本期用于抵扣的旅客运输服务扣税凭证”税额≤第1栏“认证相符的增值税专用发票”+第4栏“其他扣税凭证”税额。

12. 第11栏“（五）外贸企业进项税额抵扣证明”：填写本期申报抵扣的税务机关出口退税部门开具的《出口货物转内销证明》列明允许抵扣的进项税额。

13. 第12栏“当期申报抵扣进项税额合计”：反映本期申报抵扣进项税额的合计数。按表中所列公式计算填写。

（三）第13至23栏“二、进项税额转出额”各栏：分别反映纳税人已经抵扣但按规定应在本期转出的进项税额明细情况。

1. 第13栏“本期进项税额转出额”：反映已经抵扣但按规定应在本期转出的进项税额合计数。按表中所列公式计算填写。

2. 第14栏“免税项目用”：反映用于免征增值税项目，按规定应在本期转出的进项税额。

3. 第15栏“集体福利、个人消费”：反映用于集体福利或者个人消费，按规定应在本期转出的进项税额。

4. 第16栏“非正常损失”：反映纳税人发生非正常损失，按规定应在本期转出的进项税额。

5. 第17栏“简易计税方法征税项目用”：反映用于按简易计税方法征税项目，按规定应在本期转出的进项税额。

营业税改征增值税的纳税人，服务、不动产和无形资产按规定汇总计算缴纳增值税的分支机构，当期应由总机构汇总的进项税额也填入本栏。

6. 第18栏“免抵退税办法不得抵扣的进项税额”：反映按照免、抵、退税办法的规定，由于征税税率与退税税率存在税率差，在本期应转出的进项税额。

7. 第19栏“纳税检查调减进项税额”：反映税务、财政、审计部门检查后而调减的进项税额。

8. 第20栏“红字专用发票信息表注明的进项税额”：填写增值税发票管理系统校验通过的《开具红字增值税专用发票信息表》注明的在本期应转出的进项税额。

9. 第21栏“上期留抵税额抵减欠税”：填写本期经税务机关同意，使用上期留抵税额抵减欠税的数额。

10. 第22栏“上期留抵税额退税”：填写本期经税务机关批准的上期留抵税额退税额。

11. 第23栏“其他应作进项税额转出的情形”：反映除上述进项税额转出情形外，其他应在本期转出的进项税额。

（四）第24至34栏“三、待抵扣进项税额”各栏：分别反映纳税人已经取得，但按税法规定不符合抵扣条件，暂不予在本期申报抵扣的进项税额情况及按税法规定不允许抵扣的进项税额情况。

1. 第24至28栏涉及的增值税专用发票均不包括从小规模纳税人处购进农产品时取得的专用发票，但购进农产品未分别核算用于生产销售13%税率货物和其他货物服务的农产品进项税额情况除外。

2. 第25栏“期初已认证相符但未申报抵扣”：反映前期认证相符，但按照税法规定暂不予抵扣及不允许抵扣，结存至本期的增值税专用发票情况。辅导期纳税人填写认证相符但未收到稽核比对结果的增值税专用发票期初情况。

3. 第26栏“本期认证相符且本期未申报抵扣”：反映本期认证相符，但按税法规定暂不予抵扣及不允许抵扣，而未申报抵扣的增值税专用发票情况。辅导期纳税人填写本期认证相符但未收到稽核比对结果的增值税专用发票情况。

4. 第27栏“期末已认证相符但未申报抵扣”：反映截至本期期末，按照税法规定仍暂不予抵扣及不允许抵扣且已认证相符的增值税专用发票情况。辅导期纳税人填写截至本期期末已认证相符但未收到稽核比对结果的增值税专用发票期末情况。

5. 第28栏“其中：按照税法规定不允许抵扣”：反映截至本期期末已认证相符但未申报抵扣的增值税专用发票中，按照税法规定不允许抵扣的增值税专用发票情况。

纳税人本期期末已认证相符待抵扣的通行费电子发票应当填写在第24至28栏对应栏次中。

6. 第29栏“（二）其他扣税凭证”：反映截至本期期末仍未申报抵扣的除增值税专用发票之外的其他扣税凭证情况。具体包括：海关进口增值税专用缴款书、农产品收购发票或者销售发票、代扣代缴税收完税凭证和其他符合政策规定的扣税凭证。该栏应等于第30至33栏之和。

7. 第30栏“海关进口增值税专用缴款书”：反映已取得但截至本期期末仍未申报抵扣的海关进口增值税专用缴款书情况，包括纳税人未收到稽核比对结果的海关进口增值税专用缴款书情况。

8. 第31栏“农产品收购发票或者销售发票”：反映已取得但截至本期期末仍未申报抵扣的农产品收购发票或者农产品销售发票情况。从小规模纳税人处购进农产品时取得增值税专用发票情况填写在本栏，但购进农产品未分别核算用于生产销售13%税率货物和其他货物服务的农产品进项税额情况除外。

9. 第32栏“代扣代缴税收缴款凭证”：反映已取得但截至本期期末仍未申报抵扣的代扣代缴税收完税凭证情况。

10. 第33栏“其他”：反映已取得但截至本期期末仍未申报抵扣的其他扣税凭证的情况。

（五）第35至36栏“四、其他”各栏。

1. 第35栏“本期认证相符的增值税专用发票”：反映本期认证相符的增值税专用发票的情况。纳税人本期认证相符的通行费电子发票应当填写在本栏次中。

2. 第36栏“代扣代缴税额”：填写纳税人根据《中华人民共和国增值税暂行条例》第十八条扣缴的应税劳务增值税额与根据营业税改征增值税有关政策规定扣缴的服务、不动产和无形资产增值税额之和。

五、《增值税纳税申报表附列资料（三）》（服务、不动产和无形资产扣除项目明细）填写说明

（一）本表由服务、不动产和无形资产有扣除项目的营业税改征增值税纳税人填写。其他纳税人不填写。

（二）“税款所属时间”“纳税人名称”的填写同主表。

（三）第1列“本期服务、不动产和无形资产价税合计额（免税销售额）”：营业税改征增值税的服务、不动产和无形资产属于征税项目的，填写扣除之前的本期服务、不动产和无形资产价税合计额；营业税改征增值税的服务、不动产和无形资产属于免抵退税或免税项目的，填写扣除之前的本期服务、不动产和无形资产免税销售额。本列各行次等于《附列资料（一）》第11列对应行次，其中本列第3行和第4行之和等于《附列资料（一）》第11列第5栏。

营业税改征增值税的纳税人，服务、不动产和无形资产按规定汇总计算缴纳增值税的分支机构，本列各行次之和等于《附列资料（一）》第11列第13a、13b行之和。

（四）第2列“服务、不动产和无形资产扣除项目”“期初余额”：填写服务、不动产和无形资产扣除项目上期期末结存的金额，试点实施之日的税款所属期填写“0”。本列各行次等于上期《附列资料（三）》第6列对应行次。

本列第4行“6%税率的金融商品转让项目”“期初余额”年初首期填报时应填“0”。

（五）第3列“服务、不动产和无形资产扣除项目”“本期发生额”：填写本期取得的按税法规定准予扣除的服务、不动产和无形资产扣除项目金额。

（六）第4列“服务、不动产和无形资产扣除项目”“本期应扣除金额”：填写服务、不动产和无形资产扣除项目本期应扣除的金额。

本列各行次=第2列对应各行次+第3列对应各行次。

（七）第5列“服务、不动产和无形资产扣除项目”“本期实际扣除金额”：填写服务、不动产和无形资产扣除项目本期实际扣除的金额。

本列各行次≤第4列对应各行次，且本列各行次≤第1列对应各行次。

（八）第6列“服务、不动产和无形资产扣除项目”“期末余额”：填写服务、不动产和无形资产扣除项目本期期末结存的金额。

本列各行次=第4列对应各行次-第5列对应各行次。

六、《增值税纳税申报表附列资料（四）》（税额抵减情况表）填写说明

（一）税额抵减情况

1. 本表第1行由发生增值税税控系统专用设备费用和技术维护费的纳税人填写，反映纳税人增值税税控系统专用设备费用和技术维护费按规定抵减增值税应纳税额的情况。

2. 本表第2行由营业税改征增值税纳税人，服务、不动产和无形资产按规定汇总计算缴纳增值税的总机构填写，反映其分支机构预征缴纳税款抵减总机构应纳增值税税额的情况。

3. 本表第3行由销售建筑服务并按规定预缴增值税的纳税人填写，反映其销售建筑服

务预征缴纳税款抵减应纳增值税税额的情况。

4. 本表第4行由销售不动产并按规定预缴增值税的纳税人填写，反映其销售不动产预征缴纳税款抵减应纳增值税税额的情况。

5. 本表第5行由出租不动产并按规定预缴增值税的纳税人填写，反映其出租不动产预征缴纳税款抵减应纳增值税税额的情况。

（二）加计抵减情况

本表第6至8行仅限适用加计抵减政策的纳税人填写，反映其加计抵减情况。其他纳税人不需填写。第8行“合计”等于第6行、第7行之和。各列说明如下：

1. 第1列“期初余额”：填写上期期末结余的加计抵减额。

2. 第2列“本期发生额”：填写按照规定本期计提的加计抵减额。

3. 第3列“本期调减额”：填写按照规定本期应调减的加计抵减额。

4. 第4列“本期可抵减额”：按表中所列公式填写。

5. 第5列“本期实际抵减额”：反映按照规定本期实际加计抵减额，按以下要求填写。

若第4列≥0，且第4列<主表第11栏−主表第18栏，则第5列=第4列；

若第4列≥主表第11栏−主表第18栏，则第5列=主表第11栏−主表第18栏；

若第4列<0，则第5列等于0。

计算本列“一般项目加计抵减额计算”行和“即征即退项目加计抵减额计算”行时，公式中主表各栏次数据分别取主表“一般项目”“本月数”列、“即征即退项目”“本月数”列对应数据。

6. 第6列“期末余额”：填写本期结余的加计抵减额，按表中所列公式填写。

七、《增值税减免税申报明细表》填写说明

（一）本表由享受增值税减免税优惠政策的增值税一般纳税人和小规模纳税人（以下简称增值税纳税人）填写。仅享受月销售额不超过10万元（按季纳税30万元）免征增值税政策或未达起征点的增值税小规模纳税人不需填报本表，即小规模纳税人当期《增值税纳税申报表（小规模纳税人适用）》第12栏“其他免税销售额”“本期数”和第16栏“本期应纳税额减征额”“本期数”均无数据时，不需填报本表。

（二）“税款所属时间”“纳税人名称”的填写同申报表主表，申报表主表是指《增值税纳税申报表（一般纳税人适用）》或者《增值税纳税申报表（小规模纳税人适用）》（下同）。

（三）“一、减税项目”由本期按照税收法律、法规及国家有关税收规定享受减征（包含税额式减征、税率式减征）增值税优惠的增值税纳税人填写。

1. “减税性质代码及名称”：根据国家税务总局最新发布的《减免性质及分类表》所列减免性质代码、项目名称填写。同时有多个减征项目的，应分别填写。

2. 第1列“期初余额”：填写应纳税额减征项目上期“期末余额”，为对应项目上期应抵减而不足抵减的余额。

3. 第2列“本期发生额”：填写本期发生的按照规定准予抵减增值税应纳税额的

金额。

4. 第 3 列“本期应抵减税额”：填写本期应抵减增值税应纳税额的金额。本列按表中所列公式填写。

5. 第 4 列“本期实际抵减税额”：填写本期实际抵减增值税应纳税额的金额。本列各行≤第 3 列对应各行。

一般纳税人填写时，第 1 行“合计”本列数=申报表主表第 23 行“一般项目”列“本月数”。

小规模纳税人填写时，第 1 行“合计”本列数=申报表主表第 16 行“本期应纳税额减征额”“本期数”。

6. 第 5 列“期末余额”：按表中所列公式填写。

（四）“二、免税项目”由本期按照税收法律、法规及国家有关税收规定免征增值税的增值税纳税人填写。仅享受小微企业免征增值税政策或未达起征点的小规模纳税人不需填写，即小规模纳税人申报表主表第 12 栏“其他免税销售额”“本期数”无数据时，不需填写本栏。

1. “免税性质代码及名称”：根据国家税务总局最新发布的《减免性质及分类表》所列减免性质代码、项目名称填写。同时有多个免税项目的，应分别填写。

2. “出口免税”填写增值税纳税人本期按照税法规定出口免征增值税的销售额，但不包括适用免、抵、退税办法出口的销售额。小规模纳税人不填写本栏。

3. 第 1 列“免征增值税项目销售额”：填写增值税纳税人免税项目的销售额。免税销售额按照有关规定允许从取得的全部价款和价外费用中扣除价款的，应填写扣除之前的销售额。

一般纳税人填写时，本列“合计”等于申报表主表第 8 行“一般项目”列“本月数”。

4. 第 2 列“免税销售额扣除项目本期实际扣除金额”：免税销售额按照有关规定允许从取得的全部价款和价外费用中扣除价款的，据实填写扣除金额；无扣除项目的，本列填写“0”。

5. 第 3 列“扣除后免税销售额”：按表中所列公式填写。

6. 第 4 列“免税销售额对应的进项税额”：本期用于增值税免税项目的进项税额。小规模纳税人不填写本列，一般纳税人按下列情况填写：

（1）一般纳税人兼营应税和免税项目的，按当期免税销售额对应的进项税额填写；

（2）一般纳税人本期销售收入全部为免税项目，且当期取得合法扣税凭证的，按当期取得的合法扣税凭证注明或计算的进项税额填写；

（3）当期未取得合法扣税凭证的，一般纳税人可根据实际情况自行计算免税项目对应的进项税额；无法计算的，本栏次填“0”。

7. 第 5 列“免税额”：一般纳税人和小规模纳税人分别按下列公式计算填写，且本列各行数应大于或等于 0。

一般纳税人公式：第 5 列“免税额”≤第 3 列“扣除后免税销售额”×适用税率−第 4 列“免税销售额对应的进项税额”。

小规模纳税人公式：第 5 列“免税额”=第 3 列“扣除后免税销售额”×征收率。

A200000《中华人民共和国企业所得税月（季）度预缴纳税申报表（A 类）》填报说明

一、适用范围

本表适用于实行查账征收企业所得税的居民企业纳税人（以下简称“纳税人”）在月（季）度预缴纳税申报时填报。执行《跨地区经营汇总纳税企业所得税征收管理办法》（国家税务总局公告 2012 年第 57 号发布）的跨地区经营汇总纳税企业的分支机构，在年度纳税申报时填报本表。省（自治区、直辖市和计划单列市）税务机关对仅在本省（自治区、直辖市和计划单列市）内设立不具有法人资格分支机构的企业，参照《跨地区经营汇总纳税企业所得税征收管理办法》征收管理的，企业的分支机构在年度纳税申报时填报本表。

二、表头项目

（一）税款所属期间

1. 月（季）度预缴纳税申报

正常情况填报税款所属期月（季）度第一日至税款所属期月（季）度最后一日；年度中间开业的纳税人，在首次月（季）度预缴纳税申报时，填报开始经营之日至税款所属月（季）度最后一日，以后月（季）度预缴纳税申报时按照正常情况填报；年度中间终止经营活动的纳税人，在终止经营活动当期纳税申报时，填报税款所属期月（季）度第一日至终止经营活动之日，以后月（季）度预缴纳税申报表不再填报。

2. 年度纳税申报

填报税款所属年度 1 月 1 日至 12 月 31 日。

（二）纳税人识别号（统一社会信用代码）

填报税务机关核发的纳税人识别号或有关部门核发的统一社会信用代码。

（三）纳税人名称

填报营业执照、税务登记证等证件载明的纳税人名称。

三、有关项目填报说明

（一）预缴方式

纳税人根据情况选择。

“按照上一纳税年度应纳税所得额平均额预缴”和“按照税务机关确定的其他方法预缴”两种预缴方式属于税务行政许可事项，纳税人需要履行行政许可相关程序。

（二）企业类型

纳税人根据情况选择。

纳税人为《跨地区经营汇总纳税企业所得税征收管理办法》规定的跨省、自治区、直辖市和计划单列市设立不具有法人资格分支机构的跨地区经营汇总纳税企业，总机构选择“跨地区经营汇总纳税企业总机构”；仅在同一省（自治区、直辖市、计划单列市）内设立不具有法人资格分支机构的跨地区经营汇总纳税企业，并且总机构、分支机构参照《跨地区经营汇总纳税企业所得税征收管理办法》规定征收管理的，总机构选择“跨地区经营汇总纳税企业总机构”。

纳税人为《跨地区经营汇总纳税企业所得税征收管理办法》规定的跨省、自治区、直辖市和计划单列市设立不具有法人资格分支机构的跨地区经营汇总纳税企业，分支机构选择“跨地区经营汇总纳税企业分支机构”；仅在同一省（自治区、直辖市、计划单列市）内设立不具有法人资格分支机构的跨地区经营汇总纳税企业，并且总机构、分支机构参照《跨地区经营汇总纳税企业所得税征收管理办法》规定征收管理的，分支机构选择“跨地区经营汇总纳税企业分支机构”。

上述企业以外的其他企业选择“一般企业”。

（三）预缴税款计算

预缴方式选择“按照实际利润额预缴”的纳税人填报第1行至第15行，预缴方式选择“按照上一纳税年度应纳税所得额平均额预缴”的纳税人填报第9、10、11、12、13、15行，预缴方式选择“按照税务机关确定的其他方法预缴”的纳税人填报第15行。

1. 第1行“营业收入”：填报纳税人截至本税款所属期末，按照国家统一会计制度规定核算的本年累计营业收入。

如：以前年度已经开始经营且按季度预缴纳税申报的纳税人，第二季度预缴纳税申报时本行填报本年1月1日至6月30日期间的累计营业收入。

2. 第2行“营业成本”：填报纳税人截至本税款所属期末，按照国家统一会计制度规定核算的本年累计营业成本。

3. 第3行“利润总额”：填报纳税人截至本税款所属期末，按照国家统一会计制度规定核算的本年累计利润总额。

4. 第4行“特定业务计算的应纳税所得额”：从事房地产开发等特定业务的纳税人，填报按照税收规定计算的特定业务的应纳税所得额。房地产开发企业销售未完工开发产品取得的预售收入，按照税收规定的预计计税毛利率计算的预计毛利额填入此行。企业开发产品完工后，其未完工预售环节按照税收规定的预计计税毛利率计算的预计毛利额在汇算清缴时调整，月（季）度预缴纳税申报时不调整。本行填报金额不得小于本年上期申报金额。

5. 第5行“不征税收入”：填报纳税人已经计入本表“利润总额”行次但属于税收规定的不征税收入的本年累计金额。

6. 第6行“免税收入、减计收入、所得减免等优惠金额”：填报属于税收规定的免税收入、减计收入、所得减免等优惠的本年累计金额。

本行根据《免税收入、减计收入、所得减免等优惠明细表》（A201010）填报。

7. 第7行“固定资产加速折旧（扣除）调减额”：填报固定资产税收上享受加速折旧优惠计算的折旧额大于同期会计折旧额期间，发生纳税调减的本年累计金额。

本行根据《固定资产加速折旧（扣除）明细表》（A201020）填报。

8. 第8行“弥补以前年度亏损”：填报纳税人截至税款所属期末，按照税收规定在企业所得税税前弥补的以前年度尚未弥补亏损的本年累计金额。根据《财政部 税务总局关于延长高新技术企业和科技型中小企业亏损结转年限的通知》（财税〔2018〕76号）的规定，自2018年1月1日起，当年具备高新技术企业或科技型中小企业资格的企业，其具备资格年度之前的5个年度发生的尚未弥补完的亏损，准予结转以后年度弥补，最长结转年限由5年延长至10年。

当本表第3+4-5-6-7行≤0时，本行=0。

9. 第9行“实际利润额 \ 按照上一纳税年度应纳税所得额平均额确定的应纳税所得额”：预缴方式选择“按照实际利润额预缴”的纳税人，根据本表相关行次计算结果填报，第9

行=第3+4-5-6-7-8行；预缴方式选择“按照上一纳税年度应纳税所得额平均额预缴”的纳税人，填报按照上一纳税年度应纳税所得额平均额计算的本年累计金额。

10. 第10行“税率（25%）”：填报25%。

11. 第11行“应纳所得税额”：根据相关行次计算结果填报。第11行=第9×10行，且第11行≥0。

12. 第12行“减免所得税额”：填报纳税人截至税款所属期末，按照税收规定享受的减免企业所得税的本年累计金额。

本行根据《减免所得税额明细表》（A201030）填报。

13. 第13行“实际已缴纳所得税额”：填报纳税人按照税收规定已在此前月（季）度申报预缴企业所得税的本年累计金额。

建筑企业总机构直接管理的跨地区设立的项目部，按照税收规定已经向项目所在地主管税务机关预缴企业所得税的金额不填本行，而是填入本表第14行。

14. 第14行“特定业务预缴（征）所得税额”：填报建筑企业总机构直接管理的跨地区设立的项目部，按照税收规定已经向项目所在地主管税务机关预缴企业所得税的本年累计金额。

本行本期填报金额不得小于本年上期申报的金额。

15. 第15行“本期应补（退）所得税额 \ 税务机关确定的本期应纳所得税额”：按照不同预缴方式，分情况填报：

预缴方式选择“按照实际利润额预缴”以及“按照上一纳税年度应纳税所得额平均额预缴”的纳税人根据本表相关行次计算填报。第15行=第11-12-13-14行，当第11-12-13-14行<0时，本行填0。其中，企业所得税收入全额归属中央且按比例就地预缴企业的分支机构，以及在同一省（自治区、直辖市、计划单列市）内的按比例就地预缴企业的分支机构，第15

行=第11行×就地预缴比例-第12行×就地预缴比例-第13行-第14行，当第11行×就地预缴比例-第12行×就地预缴比例-第13行-第14行<0时，本行填0。

预缴方式选择“按照税务机关确定的其他方法预缴”的纳税人填报本期应纳企业所得税的金额。

（四）汇总纳税企业总分机构税款计算

企业类型选择“跨地区经营汇总纳税企业总机构”的纳税人填报第16、17、18、19行；企业类型选择“跨地区经营汇总纳税企业分支机构”的纳税人填报第20、21行。

1. 第16行“总机构本期分摊应补（退）所得税额”：跨地区经营汇总纳税企业的总机构根据相关行次计算结果填报，第16行=第17+18+19行。

2. 第17行“总机构分摊应补（退）所得税额（15×总机构分摊比例__%）”：根据相关行次计算结果填报，第17行=第15行×总机构分摊比例。其中：跨省、自治区、直辖市和计划单列市经营的汇总纳税企业“总机构分摊比例”填报25%，同一省（自治区、直辖市、计划单列市）内跨地区经营汇总纳税企业“总机构分摊比例”按照各省（自治区、直辖市、计划单列市）确定的总机构分摊比例填报。

3. 第18行“财政集中分配应补（退）所得税额（15×财政集中分配比例__%）”：根据相关行次计算结果填报，第18行=第15行×财政集中分配比例。其中：跨省、自治区、直辖市和计划单列市经营的汇总纳税企业“财政集中分配比例”填报25%，同一省（自治区、直辖市、计划单列市）内跨地区经营汇总纳税企业“财政集中分配比例”按照各省（自治区、直辖市、计划单列市）确定的财政集中分配比例填报。

4. 第19行“总机构具有主体生产经营职能的部门分摊所得税额（15×全部分支机构分摊比例__%×总机构具有主体生产经营职能部门分摊比例__%）”：根据相关行次计算结果填报，第19行=第15行×全部分支机构分摊比例×总机构具有主体生产经营职能部门分摊比例。其中：跨省、自治区、直辖市和计划单列市经营的汇总纳税企业“全部分支机构分摊比例”填报50%，同一省（自治区、直辖市、计划单列市）内跨地区经营汇总纳税企业“分支机构分摊比例”按照各省（自治区、直辖市、计划单列市）确定的分支机构分摊比例填报；“总机构具有主体生产经营部门分摊比例”按照设立的具有主体生产经营职能的部门在参与税款分摊的全部分支机构中的分摊比例填报。

5. 第20行“分支机构本期分摊比例”：跨地区经营汇总纳税企业分支机构填报其总机构出具的本期《企业所得税汇总纳税分支机构所得税分配表》“分配比例”列次中列示的本分支机构的分配比例。

6. 第21行“分支机构本期分摊应补（退）所得税额”：跨地区经营汇总纳税企业分支机构填报其总机构出具的本期《企业所得税汇总纳税分支机构所得税分配表》“分配所得税额”列次中列示的本分支机构应分摊的所得税额。

四、附报信息

企业类型选择“跨地区经营汇总纳税企业分支机构”的，不填报“附报信息”所有项目。

（一）高新技术企业

必报项目。

根据《高新技术企业认定管理办法》《高新技术企业认定管理工作指引》等文件规定，符合条件的纳税人履行相关认定程序后取得“高新技术企业证书”。凡是取得“高新技术企业证书”且在有效期内的纳税人，选择“是”；未取得“高新技术企业证书”或者“高新技术企业证书”不在有效期内的纳税人，选择“否”。

（二）科技型中小企业

必报项目。

符合条件的纳税人可以按照《科技型中小企业评价办法》进行自主评价，并按照自愿原则到“全国科技型中小企业信息服务平台”填报企业信息，经公示无异议后纳入“全国科技型中小企业信息库”。凡是取得本年“科技型中小企业入库登记编号”且编号有效的纳税人，选择“是”；未取得本年“科技型中小企业入库登记编号”或者已取得本年“科技型中小企业入库登记编号”但被科技管理部门撤销登记编号的纳税人，选择“否”。

（三）技术入股递延纳税事项

必报项目。

根据《财政部 国家税务总局关于完善股权激励和技术入股有关所得税政策的通知》（财税〔2016〕101号）文件规定，企业以技术成果投资入股到境内居民企业，被投资企业支付的对价全部为股票（权）的，企业可以选择适用递延纳税优惠政策。本年内发生以技术成果投资入股且选择适用递延纳税优惠政策的纳税人，选择“是”；本年内未发生以技术成果投资入股或者以技术成果投资入股但选择继续按现行有关税收政策执行的纳税人，选择“否”。

五、按季度填报信息

企业类型选择“跨地区经营汇总纳税企业分支机构”的，不填报“按季度填报信息”所有项目。本项下所有项目按季度填报。按月申报的纳税人，在季度最后一个属期的月份填报。

（一）季初从业人数、季末从业人数

必报项目。

纳税人填报税款所属季度的季初和季末从业人员的数量。季度中间开业的纳税人，“季初从业人数”填报开业时从业人数。季度中间停止经营的纳税人，“季末从业人数”填报停止经营时从业人数。从业人数是指与企业建立劳动关系的职工人数和企业接受的劳务派遣用工人数之和。汇总纳税企业总机构填报包括分支机构在内的所有从业人数。

（二）季初资产总额（万元）、季末资产总额（万元）

必报项目。

纳税人填报税款所属季度的季初和季末资产总额。季度中间开业的纳税人，“季初资产总额”填报开业时资产总额。季度中间停止经营的纳税人，“季末资产总额”填报停止经营时资产总额。填报单位为人民币万元，保留小数点后2位。

（三）国家限制或禁止行业

必报项目。

纳税人从事行业为国家限制和禁止行业的，选择“是”；其他选择“否”。

（四）小型微利企业

必报项目。

本纳税年度截至本期末的从业人数季度平均值不超过300人、资产总额季度平均值不超过5000万元、本表“国家限制或禁止行业”选择“否”且本期本表第9行“实际利润额 \ 按照上一纳税年度应纳税所得额平均额确定的应纳税所得额”不超过300万元的纳税人，选择“是”；否则选择“否”。计算方法如下：

季度平均值=（季初值+季末值）÷2

截至本期末季度平均值=截至本期末各季度平均值之和÷相应季度数

年度中间开业或者终止经营活动的，以其实际经营期计算上述指标。

六、表内表间关系

（一）表内关系

1. 预缴方式选择“按照实际利润额预缴”的纳税人，第9行=第3+4−5−6−7−8行。

2. 第11行=第9×10行。

3. 预缴方式选择“按照实际利润额预缴”“按照上一纳税年度应纳税所得额平均额预缴”的纳税人，第15行=第11−12−13−14行。当第11−12−13−14行<0时，第15行=0。

其中，企业所得税收入全额归属中央且按比例就地预缴企业的分支机构，以及在同一省（自治区、直辖市、计划单列市）内的按比例就地预缴企业的分支机构，第15行=第11行×就地预缴比例−第12行×就地预缴比例−第13行−第14行。当第11行×就地预缴比例−第12行×就地预缴比例−第13行−第14行<0时，第15行=0。

4. 第16行=第17+18+19行。

5. 第17行=第15行×总机构分摊比例。

6. 第18行=第15行×财政集中分配比例。

7. 第19行=第15行×全部分支机构分摊比例×总机构具有主体生产经营职能部门分摊比例。

（二）表间关系

1. 第6行=表A201010第41行。

2. 第7行=表A201020第5行第5列。

3. 第12行=表A201030第30行。

4. 第15行=表A202000“应纳所得税额”栏次填报的金额。

5. 第17行=表A202000“总机构分摊所得税额”栏次填报的金额。

6. 第18行=表A202000“总机构财政集中分配所得税额”栏次填报的金额。

7. 第19行=表A202000“分支机构情况”中对应总机构独立生产经营部门行次的“分配所得税额”列次填报的金额。

附录二　会计科目

序号	科目编号	会计科目名称	备注
		一、资产类	
1	1001	库存现金	
2	1002	银行存款	
3	1003	存放中央银行款项	银行专用
4	1011	存放同业	银行专用
5	1015	其他货币资金	
6	1021	结算备付金	证券专用
7	1031	存出保证金	金融共用
8	1051	拆出资金	金融共用
9	1101	交易性金融资产	
10	1111	买入返售金融资产	金融共用
11	1121	应收票据	
12	1122	应收账款	
13	1123	预付账款	
14	1131	应收股利	
15	1132	应收利息	
16	1211	应收保户储金	保险专用
17	1221	应收代位追偿款	保险专用
18	1222	应收分保账款	保险专用
19	1223	应收分保未到期责任准备金	保险专用
20	1224	应收分保保险责任准备金	保险专用
21	1221	其他应收款	
22	1231	坏账准备	
23	1251	贴现资产	银行专用
24	1301	贷款	银行和保险共用
25	1302	贷款损失准备	银行和保险共用
26	1311	代理兑付证券	银行和证券共用
27	1321	代理业务资产	
28	1401	材料采购	
29	1402	在途物资	
30	1403	原材料	

续表

序号	科目编号	会计科目名称	备注
31	1404	材料成本差异	
32	1406	库存商品	
33	1407	发出商品	
34	1410	商品进销差价	
35	1411	委托加工物资	
36	1412	包装物及低值易耗品	
37	1421	消耗性生物资产	农业专用
38	1431	周转材料	建造承包商专用
39	1441	贵金属	银行专用
40	1442	抵债资产	金融共用
41	1451	损余物资	保险专用
42	1461	存货跌价准备	
44	1511	独立账户资产	保险专用
45	1521	持有至到期投资	
46	1522	持有至到期投资减值准备	
47	1523	可供出售金融资产	
48	1524	长期股权投资	
49	1525	长期股权投资减值准备	
50	1526	投资性房地产	
51	1531	长期应收款	
52	1541	未实现融资收益	
53	1551	存出资本保证金	
54	1601	固定资产	
55	1602	累计折旧	
56	1603	固定资产减值准备	
57	1604	在建工程	
58	1605	工程物资	
59	1606	固定资产清理	
60	1611	融资租赁资产	租赁专用
61	1612	未担保余值	租赁专用
62	1621	生产性生物资产	农业专用
63	1622	生产性生物资产累计折旧	农业专用
64	1623	公益性生物资产	农业专用
65	1631	油气资产	石油天然气开采专用
66	1632	累计折耗	石油天然气开采专用

续表

序号	科目编号	会计科目名称	备注
67	1701	无形资产	
68	1702	累计摊销	
69	1703	无形资产减值准备	
70	1711	商誉	
71	1801	长期待摊费用	
72	1811	递延所得税资产	
73	1901	待处理财产损益	
		二、负债类	
1	2001	短期借款	
2	2002	存入保证金	金融共用
3	2003	拆入资金	金融共用
4	2004	向中央银行借款	银行专用
5	2011	同业存放	银行专用
6	2012	吸收存款	银行专用
7	2021	贴现负债	银行专用
8	2101	交易性金融负债	
9	2111	卖出回购金融资产款	金融共用
10	2201	应付票据	
11	2202	应付账款	
12	2205	预收账款	
13	2211	应付职工薪酬	
14	2221	应交税费	
15	2231	应付股利	
16	2232	应付利息	
17	2241	其他应付款	
18	2251	应付保户红利	保险专用
19	2261	应付分保账款	保险专用
20	2311	代理买卖证券款	证券专用
21	2312	代理承销证券款	证券和银行共用
22	2313	代理兑付证券款	证券和银行共用
23	2314	代理业务负债	
24	2401	预提费用	
25	2411	预计负债	
26	2501	递延收益	
27	2601	长期借款	

续表

序号	科目编号	会计科目名称	备注
28	2602	长期债券	
29	2701	未到期责任准备金	保险专用
30	2702	保险责任准备金	保险专用
31	2711	保户储金	保险专用
32	2721	独立账户负债	保险专用
33	2801	长期应付款	
34	2802	未确认融资费用	
35	2811	专项应付款	
36	2901	递延所得税负债	
		三、共同类	
1	3001	清算资金往来	银行专用
2	3002	外汇买卖	金融共用
3	3101	衍生工具	
4	3201	套期工具	
5	3202	被套期项目	
		四、所有者权益类	
1	4001	实收资本	
2	4002	资本公积	
3	4101	盈余公积	
4	4102	一般风险准备	金融共用
5	4103	本年利润	
6	4104	利润分配	
7	4201	库存股	
		五、成本类	
1	5001	生产成本	
2	5101	制造费用	
3	5201	劳务成本	
4	5301	研发支出	
5	5401	工程施工	建造承包商专用
6	5402	工程结算	建造承包商专用
7	5403	机械作业	建造承包商专用
8	5404	间接费用	建造承包商专用
		六、损益类	
1	6001	主营业务收入	
2	6011	利息收入	金融共用

续表

序号	科目编号	会计科目名称	备注
3	6021	手续费收入	金融共用
4	6031	保费收入	保险专用
5	6032	分保费收入	保险专用
6	6041	租赁收入	租赁专用
7	6051	其他业务收入	
8	6061	汇兑损益	金融专用
9	6101	公允价值变动损益	
10	6111	投资收益	
11	6201	摊回保险责任准备金	保险专用
12	6202	摊回赔付支出	保险专用
13	6203	摊回分保费用	保险专用
14	6301	营业外收入	
15	6401	主营业务成本	
16	6402	其他业务支出	
17	6405	营业税金及附加	
18	6411	利息支出	金融共用
19	6421	手续费支出	金融共用
20	6501	提取未到期责任准备金	保险专用
21	6502	提取保险责任准备金	保险专用
22	6511	赔付支出	保险专用
23	6521	保户红利支出	保险专用
24	6531	退保金	保险专用
25	6541	分出保费	保险专用
26	6542	分保费用	保险专用
27	6601	销售费用	
28	6602	管理费用	
29	6603	财务费用	
30	6604	勘探费用	
31	6701	资产减值损失	
32	6711	营业外支出	
33	6801	所得税费用	
34	6901	以前年度损益调整	